# 冷たいフライパンに食材を入れてから火にかけるコールドスタート

上田淳子

# はじめに

**よーく熱したフライパン**に、油をひいて、食材を投入。
これが、いままでのレシピの常識でした。

食材を入れたら待ったなし！
フライパンから離れずに、鍋振りしてみたり、調味料を入れたり、
あせってバタバタ作っても上手にできずコンロまわりは油まみれに。

コーティング加工がしてあれば
**熱しておかなくてもフライパンにはくっつかない。**
道具は進化したのにレシピが変わらないのはなんでだろう。

ヘタに鍋振りをしたりして火口からフライパンを離すから、
温度が下がっていつまでも火が通らないのに。
へらでずーっと動かしているから、フライパンがすぐへたるのに。

熱くしてからあせるより、
ゆっくり下準備してから
フライパンまかせにしたほうが、ずっといい。

そんな思いからたどりついたのが、
**冷たいフライパン**に食材や調味料を入れてから
火にかける**コールドスタート**です。

やってみたら焼くのはもちろん、
炒める、蒸す、煮るといった調理でも便利な方法でした。
火口であわただしく動かなくていい、
つきっきりにならなくていい、というのがとても快適。

料理初心者である大学生の息子やその友だち、
私のまわりに増えてきた「おとう飯」に
チャレンジしたい男性に伝えたくなりました。

また自分の母世代の悩みとして耳にする、
**料理の反射神経**に自信がなくなって
キッチンに立つのがおっくうになってきた人にもおすすめです。

フライパンひとつあれば気軽にチャレンジできます。
ぜひお試しください。

Let's Cold start!

冷たいフライパンに材料を並べて ← 火にかけて ← できあがり！

はじめに 2
コールドスタートならあせらず、おいしく調理できる 6
コールドスタートむきのフライパン 8
コールドスタートの加熱時間と火加減 10

Part 1 焼く 12

肉厚ハンバーグ 14
豆入り味噌つくね 15
パリ皮チキンソテー 16
ふんわり鶏のハムチーズのせ 17
カリカリ豚のカレービネガー焼き 18
中華風クイック肉巻き 19
牛肉のジューシータリアータ 20
オニオン豚テキ 21
塩さばのフレッシュトマトソースがけ 22
鮭の簡単ムニエル 23
さんまのシンプル塩焼き 24
屋台風いか焼き 25
スペアリブの塩レモンマリネ焼き 26
豚の漬けしょうが焼き 27

column 1
少ない油でとっておきの
コールドスタート揚げを作る
recipe 3種の揚げ焼き春巻き 28

焼くうんちく
ひき肉をかたまりで焼いても割れにくい 30
鶏肉をパサつかせずに焼く 31
薄切り肉は片面だけ焼くという選択肢も 32
厚切り肉を室温に戻してさわらずに焼く 33
切り身魚も一尾魚も余分な脂を落として焼ける 34
マリネした肉も焦げつかず香ばしく焼ける 35

Part 2 炒める 36

ざっくりチンジャオロースー 38
にらレバだけ炒め 39
鶏となすのイタリアン炒め 40
鶏と玉ねぎのBBQ炒め 41
ゴーヤと厚揚げの味噌炒め 42
根菜のゴロゴロきんぴら 43
えびのマヨネーズあえ炒め 44
揚げない酢豚 45
ほっとけ五宝菜 46
そばなし焼きそば 47
エスニック鶏そぼろサラダ 48
おおらかビビンパ 49
ドライ豆カレー 50

column 2
コールドスタートでは中華料理人より
屋台の焼きそば屋さんを目指す 51

炒めるうんちく
フライパンまかせの「ほっとけ」炒めに 52
ゴロゴロ鶏肉の炒め物もできる 53
野菜のえぐみはオイルでコートできる 54
揚げ焼き→炒めのプロセスもスムーズ 55
重ね技で肉のうまみを野菜にうつせる 56
調味料と肉を合わせて炒める「ゆるそぼろ」を 57

**この本の使い方**

- 材料や作り方にある「小さじ1」は5ml、「大さじ1」は15mlです。
- 野菜類は特に表記のない場合は皮をむく、洗うなどの作業を行ってからの手順を記載しています。
- この本で使用しているゴムべらは耐熱性のものです。
お手持ちのゴムべらが耐熱性でない場合は、フライ返しなどを使用してください。

Conte


## Part 3 蒸す 58

むっちり蒸し豚 60
汁なしポトフ 61
蒸し肉じゃが 62
レタスとあさりのエチュベ 63
鶏とセロリのレモンバター蒸し 64
しっとりよだれ鶏 65
サラダチキンのボリュームサラダ 66
ツナじゃがオクラのサブジ風 67
豚のさっぱり梅蒸し 68
鮭の中華風ねぎ蒸し 69
豆腐とひき肉の卵蒸し 70
チーズコンソメ茶碗蒸し 71
トマトソースココット 72

column 3
コールドスタートで
シャッキリ歯ごたえの蒸し野菜ができる 73

### 蒸すうんちく

豚のかたまり肉もフライパン蒸し 74
蒸し煮で野菜の形を崩さず甘みを引き出せる 75
少量の水+バターで時短蒸し。うまみをとじ込める 76
蒸し鶏が手軽に作り置きできる 77
切り身魚の蒸し物がふっくらおいしく 78
卵の入った蒸し料理にすが入らない 79

## Part 4 煮る 80

鶏のテリテリ煮 82
豚のスパイシーソース煮 83
手間なしルーロー飯 84
ダイナミック麻婆豆腐 85
ほぼ担々うどん 86
自家製ツナのサンドイッチ 87
いかのやわらか甘酢煮 88
かぼちゃのホクホクそぼろ煮 89
鶏とさといもの煮っころがし 90
スープカレー 91

column 4
アヒージョはコールドスタートおかずです
recipe たことマッシュルームのアヒージョ 92

### 煮るうんちく

大きな肉を合わせ調味液でシンプルに煮る 94
合わせ調味液とひき肉を混ぜて
煮るだけでそぼろあんに 95
魚介をオイル入り調味料で煮れば
時間がたってもしっとり 96
素材からだしが出て味が決まりやすい 97

column 5
コールドスタートでおこげたっぷり炊き込みご飯を
recipe フライパンいか飯 98

プラスのアイディア1 野菜ひとつのシンプル副菜を添える 100
きゅうり（きゅうりの梅昆布あえ／きゅうりの甘酢しょうが漬け／ツナマヨきゅうり） 101
レタス・サニーレタス（蒸しレタスの中華あえ／レタスのシーザーサラダ風／サニーレタスとキムチのサラダ） 102
トマト（あつあつトマト／トマトのカレードレッシング／トマトと青じそのポン酢サラダ） 103
キャベツ（キャベツとハムの甘酢あえ／あっさりコールスロー／キャベツのナムル） 104
青菜・白菜（小松菜のガーリックオイルあえ／白菜とツナの煮びたし／サラダほうれんそうの粒マスタードサラダ） 105
ピーマン・パプリカ（パプリカのマリネ／パプリカのおかかあえ／ピーマンのコンビーフあえ） 106
にんじん（ピーラーにんじんの中華マリネ／ジンジャーキャロットラペ／にんじんスティックの味噌マヨ添え） 107

プラスのアイディア2 コールドスタートほぼ1品で手早くお弁当を作る 108

さくいん 110

# コールドスタートなら
# あせらず、
# おいしく調理できる

P.18「カリカリ豚のカレービネガー焼き」を作る

Cold start!

フライパンに
ゴムべらで油を広げ

肉を広げて並べて

フタをして
火にかける

慣れてきたら
焼いている間に…

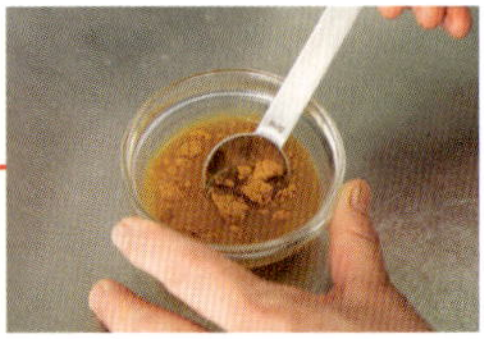

調味料を合わせて

コールドスタートはフライパンの中に材料を並べてから火にかけるので、肉を入れるときにしっかり広げて並べる、といった余裕もできます。

火にかけている間に洗い物をしたり、器の準備をしたり。この本のレシピでは、わかりやすいようにプロセスのはじめに野菜等の下準備について記載していますが、手慣れた人なら加熱中に野菜を切ったりできるかも。

フライパンまかせにできる時間があると、料理が画期的にラクになります。

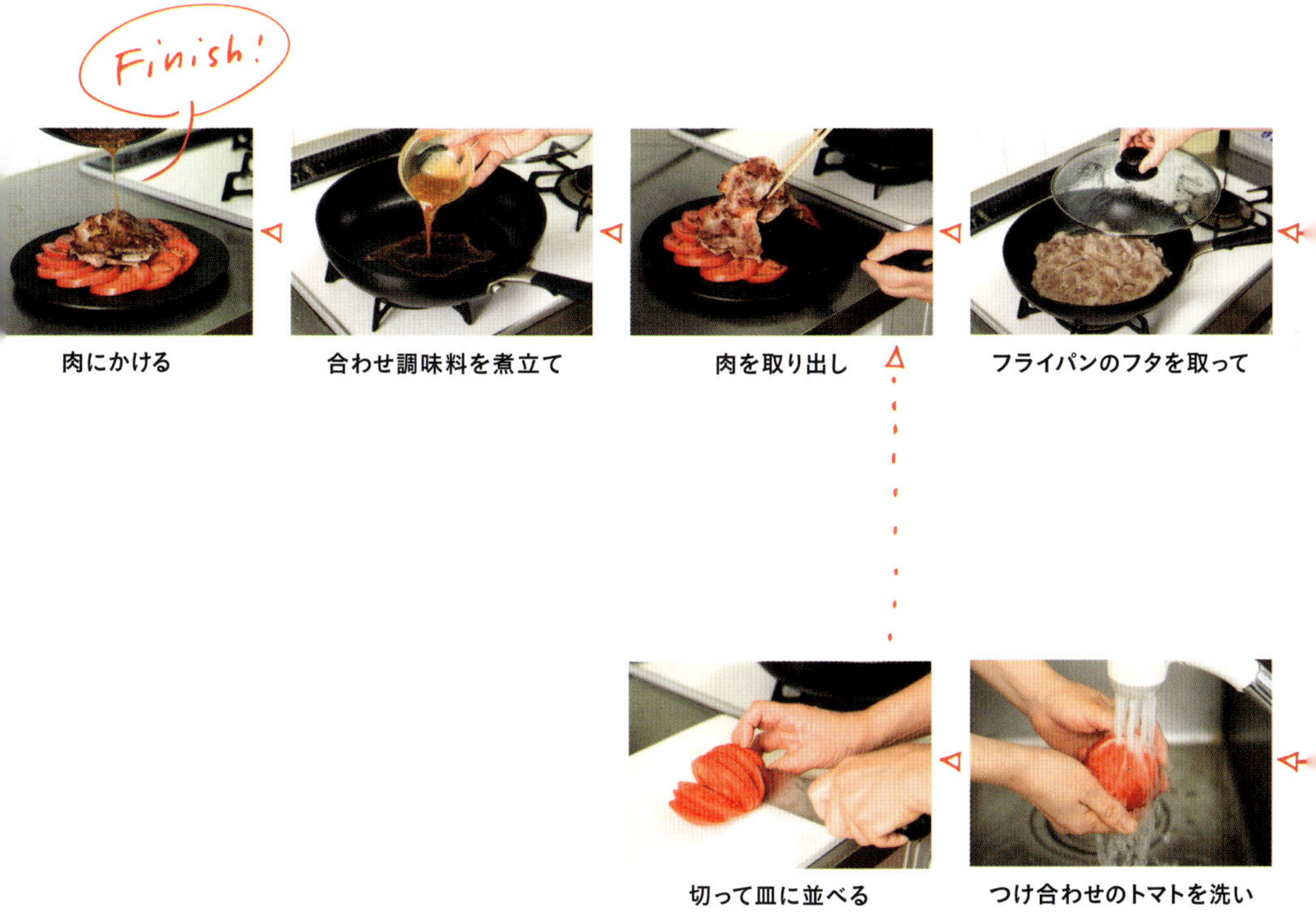

つけ合わせのトマトを洗い
切って皿に並べる
フライパンのフタを取って
肉を取り出し
合わせ調味料を煮立て
肉にかける

# コールドスタートむきのフライパン

コールドスタート調理はコーティング加工がしてあるフライパンがあればできます。新しく買わなくても、おうちにあるものを使って構いません。ただし、あまりコーティングがはげてしまっているとくっつきやすくなります。一度試しに目玉焼きを焼いてみて、焼き上がったときにフライパンを傾けてサーッと動くようであれば大丈夫です。

2人分なら大きさは直径26㎝くらい、深さは6〜7㎝の深すぎないものを。口径に比べて底径が極端に小さくなっている中華鍋タイプではないほうが、いろいろな調理法に使えていいですね。

4人分の場合は直径28㎝くらいの大きさがいいと思います。この本のレシピは2人分の作り方を紹介してありますが、4人分で作るときは、加熱時間をだいたい2割増しぐらいにするのが目安です。

フタはしっかりしまるようにフライパンのサイズに合ったものを用意しましょう。調理中に中身がチェックできる透明のものがおすすめ。平らなものより丸くドーム状になっているものが、熱が均一に伝わります。

## この本で使った
## フライパン

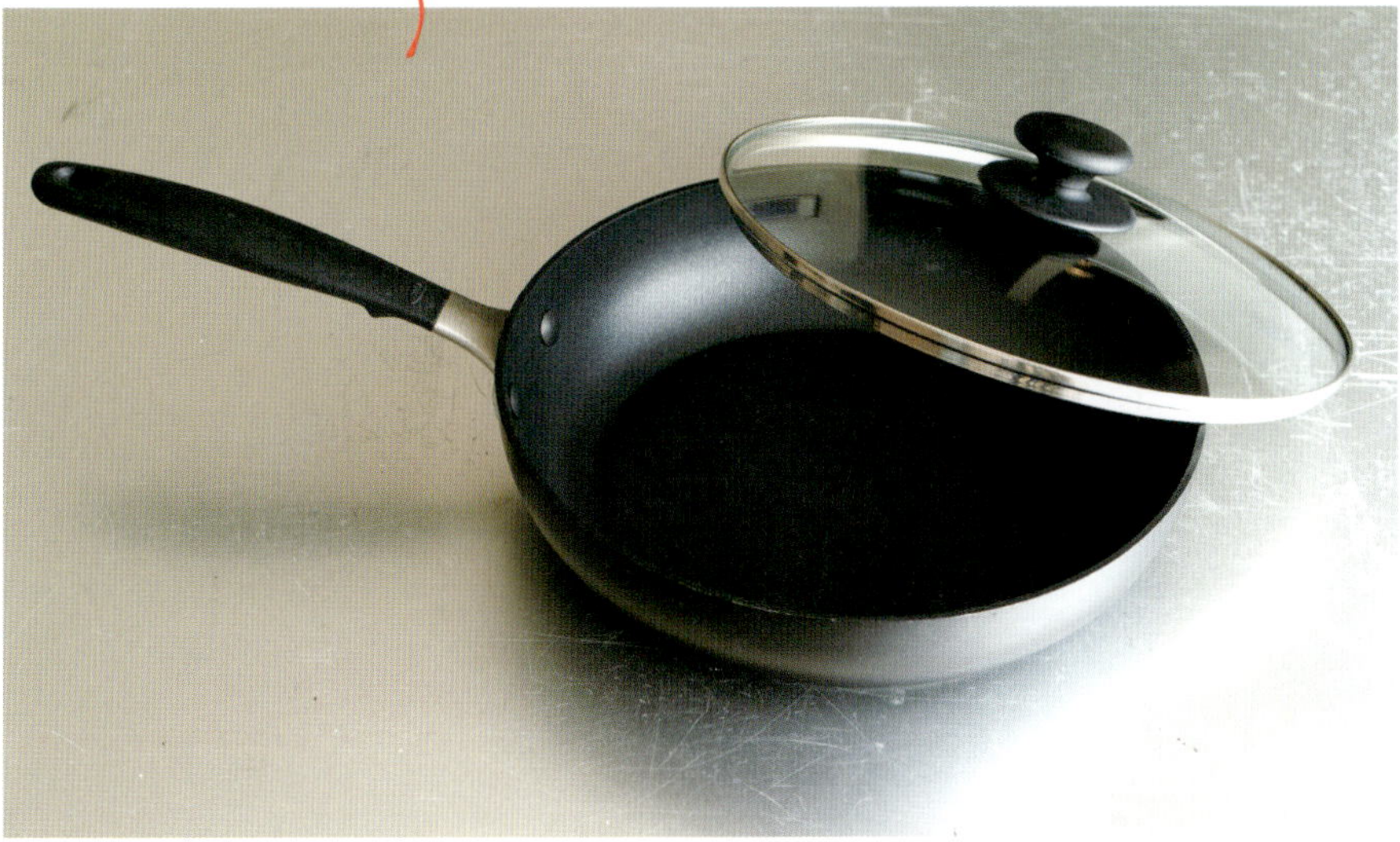

この本で使ったのはOXOのノンスティックフライパン 24㎝(フタは別売り)。外面がコーティングされていて汚れにくく、毎日使ってもへたらないのでおすすめ。

# コールドスタートの加熱時間と火加減

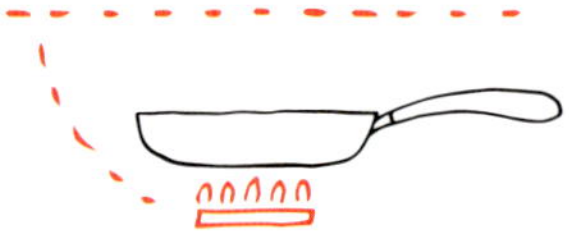

コールドスタート調理では、火加減や加熱時間がポイントになります。火加減は中火が基本です。中火は炎の先端がフライパンの底にあたるくらい（IHの場合は10段階の火力表示で4〜5が目安）。強火は先端が広がり、底全体にあたっている状態です。

実はフライパンの厚さによって温度が上がる時間が異なります。フライパン内部が熱くなる（赤外線温度計で180度）まで、3000〜5000円前後で買える標準的なフライパンで約1・5分ですが、ホームセンターや100円ショップなどで売っているリーズナブルなフライパンは素材が薄いので約1分で熱くなります。反対に1万円以上するような高価なフライパンは厚手のものが多く、その場合は2分ほどかかります。なのでフライパンによって加熱時間が違ってくるのです。

この本のレシピでは、わかりやすいようにレシピに内部が熱くなった目安を「パチパチと音がし始めたら」「沸いてきたら」などの言葉で表現し、その状態からの加熱時間を記載しています。温度が上がった後の分数については、どのフライパンも変わりません。IHの場合は余熱が入ってしまわないように、仕上がったら熱源からすぐはずしましょう。

## フライパンの厚さで温度の上がり方が違う

p.9のフライパンに比べて薄手のもの(左)は熱くなるまでスピーディー。厚手のもの(右)は立ち上がりまでの時間がかかる。

NG

## コールドスタートにむかないフライパン

鉄製もの(左)はコールドスタートには不むき。口径と底径の差が大きいもの(右)は焼く調理、煮る調理などに使いにくいかも。

Part 1

# 焼く

コールドスタートでじんわり加熱すると
厚いものも薄いものも縮むことなく
ほどよく火が入る。
内側はふんわり、外側はカリッと
理想の焼き具合に。

# 肉厚ハンバーグ

調理時間 20分

**材料（2人分）**

合いびき肉…200g
玉ねぎ…1/2個

A
卵…1/2個
パン粉…大さじ2
牛乳…大さじ1.5
塩…小さじ1/3
こしょう…適量

サラダ油…小さじ1

B
ケチャップ、ウスターソース…各大さじ1

**作り方**

**1** 下準備
ポリ袋にAを入れて混ぜ合わせ、パン粉がふやけたら合いびき肉を加えてよくもみ混ぜる。さらにみじん切りにした玉ねぎを加え、均一になるまで混ぜる。袋の上から生地を二つに分けて軽く丸め、ハサミで袋を切り広げる。

**2** cold start
フライパンにサラダ油をひき、ゴムべらで広げて1を置く。ゴムべらで厚さ約2.5㎝の小判型に整えてフタをし、中火にかける。パチパチと音がし始めたら弱めの中火にして4分焼く。

**3**
フタを取って裏返し、フタをしないでさらに4分焼く。焼き色が足りないようであれば、火を少し強めて両面を好みの焼き色に焼き上げる。器に盛り、混ぜ合わせたBをかけ、サラダ菜適量（分量外）を添える。

memo
肉厚でも中まで火が通り、外は香ばしく焼き上がります。成形はゴムべらで形を整える程度で大丈夫です。玉ねぎは水が出やすいので、ひき肉を練り混ぜたあとに時間差で加えるのがコツ。

# 豆入り味噌つくね

調理時間 20分

## 材料（2人分）

鶏ひき肉…200g
味噌、片栗粉
…各大さじ1／2

A
冷凍えだまめ
（解凍し、さやから実を取り出す）、
冷凍ホールコーン
（解凍したもの。缶詰でも可）
…各1／3カップ
しょうが（すりおろす）
…小さじ1

サラダ油…小さじ1

## 作り方

下準備
1 ポリ袋に鶏ひき肉、味噌を入れてよくもみ混ぜる。片栗粉→Aの順に加え、その都度均一になるまで混ぜ、ハサミで袋を切り広げる。

cold start
2 フライパンにサラダ油をひき、ゴムべらで広げる。1をカレースプーンなどですくって置き、フタをして中火にかける。パチパチと音がし始めたら、弱めの中火にして2分焼く。

3 フタを取って裏返し、フタをしないでさらに2分焼く。焼き色が足りないようであれば、火を少し強めて両面を好みの焼き色に焼き上げる。

memo 味噌で下味をつけているから、たれなしでもおいしいです。冷めても固くならないので、お弁当むきです。
鶏ひき肉はももがおすすめ。

# パリ皮チキンソテー

調理時間 15分

材料（2人分）

鶏もも肉…大1枚（300〜350g程度）
塩…小さじ1／3
こしょう…適量
サラダ油…小さじ1

作り方

下準備
1 鶏もも肉は半分に切り、塩、こしょうをすり込む。

cold start
2 フライパンにサラダ油をひき、ゴムべらで広げる。肉の皮を下にして広げて置き、フタをして中火にかけ、パチパチと音がし始めたら、弱めの中火にして4〜5分焼く。

3 フタを取って裏返し、余分な脂をペーパータオルでふき取り、フタをしないでさらに3分焼く。焼き色が足りないようであれば、火を少し強めて両面を好みの焼き色に焼き上げる。器に盛り、粗びき黒こしょう適量（分量外）を振り、パプリカのマリネ（p.106）を添える。

memo 重石をして焼く方法もありますが、肉がしまって固くなるので、私はこのやり方が好きです。ゆずこしょうを添えれば和風に。

# ふんわり鶏のハムチーズのせ

調理時間 15分

**材料**（2人分）

鶏むね肉…大1枚
（300〜350g程度・皮を取り除く）
ロースハム…4枚
スライスチーズ…2枚
塩、こしょう…各適量
小麦粉…適量
サラダ油…大さじ1

**作り方**

**1** 下準備
鶏むね肉は厚みを半分に切り開き、2等分にする。ラップで包んだ肉を麺棒などで厚い部分を叩き、約1cmの厚さにする。塩、こしょうをすり込み、小麦粉をはたく。

**2** cold start
フライパンにサラダ油をひき、ゴムべらで広げて肉を置く。フタをして中火にかけ、パチパチと音がし始めてから2分焼く。

**3**
フタを取って裏返し、フタをしないでさらに2分焼く。焼き色が足りないようであれば、火を少し強めて両面を好みの焼き色に焼き上げる。

**4**
ハム2枚をずらしてそれぞれにのせ、さらにチーズを置き、フタをしてチーズがトロリとなるまで焼く。器に盛り、粗びき黒こしょう適量（分量外）を振り、ベビーリーフ適量（分量外）を添える。

memo ハムとチーズがカバーの役割になってむね肉のパサつきを防ぎます。コクとうまみもプラスされてボリュームのある1品に。

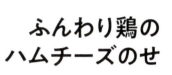

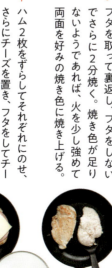

# カリカリ豚のカレービネガー焼き

調理時間 10分

## 材料（2人分）

豚肩ロース薄切り肉
…200g
サラダ油…大さじ1/2

カレービネガー
- 酢…大さじ2
- 砂糖…大さじ1
- 塩、カレー粉…各小さじ1弱
- にんにく（すりおろす）
…小さじ1/2

## 作り方

**1** 下準備

カレービネガーの材料を混ぜ合わせる。トマト大1個（分量外）を輪切りにして皿に広げる。

**2** cold start

フライパンにサラダ油をひき、ゴムべらで広げる。豚肩ロース薄切り肉を均一に広げ、手で平らになるように軽くおさえて置き、フタをして中火にかけ、パチパチと音がし始めてから2分半焼く。

**3**

フタを取り、火を少し強めて肉にこんがり焼き色がつき、表面に赤い部分がなくなるまでフタをしないで焼く。トマトを並べた皿に焼き目を上にして盛りつける。

**4**

フライパンにカレービネガーの材料を入れてひと煮立ちさせ、3の肉にかける。

memo

肉は片面を焼くだけ。裏返す必要がないので本当にラクです。甘辛すっぱいカレービネガーはキャベツのせん切りともよく合います。

# 中華風クイック肉巻き

調理時間 20分

材料（2人分）
豚ばら薄切り肉…200g
にんじん…1本
塩、こしょう…各適量
オイスターソース
…大さじ1.5
サラダ油…小さじ1

作り方

下準備
1 ボウルにスライサーで細切りにしたにんじんを入れて塩、こしょうを振る。豚ばら薄切り肉を12組に分けて広げ、にんじんの1／12量をのせ、手前から巻く。残りも同様にする。

cold start
2 フライパンにサラダ油をひき、ゴムべらで広げる。1を巻き終わりを下にして並べ、フタをして中火にかける。パチパチと音がし始めたら弱めの中火にし、2分焼く。

3 フタを取って裏返し、フタをしないでさらに2分焼く。

4 転がしながら全体にこんがり焼き色がつくまで焼く。余分な脂をペーパータオルでふき取り、オイスターソースを加えて全体にからめる。

memo にんじんの細切りなら肉が焼き上がるころにほどよく火が通ります。オイスターソースがからみやすいように肉の脂はしっかりふき取ること。

# 牛肉のジューシータリアータ

調理時間 15分
（室温に戻す時間を除く）

材料（2人分）
牛赤身ステーキ肉
（厚さ2～2.5㎝のもの）
…1枚（250g程度）
塩…小さじ1／4
こしょう…適量
にんにく（すりおろす）
…少々
サラダ油…小さじ1

作り方

下準備
1 牛赤身ステーキ肉は焼く15分ほど前に冷蔵庫から出して室温に戻す。肉に塩、こしょうを振り、にんにくをすり込む。

cold start
2 フライパンにサラダ油をひき、ゴムべらで広げる。肉を置いて強火にかけ、パチパチと音がし始めたら2分半焼く。

3 裏返して中火にし、さらに2分焼く。

4 肉を取り出してアルミホイルで包み、約5分おく。斜めそぎ切りにし、クレソン1束（分量外）とともに皿に並べ、オリーブ油、つぶ塩、粗びき黒こしょう各適量（分量外）をかける。

memo 切ってみて、あんまり生っぽいようならば、もう一度焼き直すより、熱したオリーブ油をジュワッとかけるほうがおすすめ。

# オニオン豚《とん》テキ

調理時間 15分

**材料（2人分）**

豚ロースステーキ肉（厚さ約1.5㎝）…2枚（250g程度）
玉ねぎ…1個
塩、こしょう…各適量
A
粒マスタード、しょうゆ…各大さじ1
サラダ油…小さじ1

**作り方**

1 下準備
豚ロースステーキ肉は脂と肉の間の筋に数か所切り込みを入れ、塩、こしょうを振る。玉ねぎは薄切りにする。

2 cold start
フライパンにサラダ油をひき、ゴムべらで広げる。豚肉を置いて玉ねぎをのせ、フタをして中火にかける。パチパチと音がし始めてから2分半焼く。

3
フタを取り、玉ねぎを端に寄せて肉を裏返し、フタをしないでさらに2分半を焼く。

4
肉を皿に取り出し、玉ねぎをさっと混ぜ、Aを加えて全体を混ぜ、肉にのせる。

memo 豚テキは脂の端をグローブのように切ったものをよく見ますが、水分とうまみが流れ出しやすいので要注意。玉ねぎは薄切りにしすぎると水分が出すぎるので、ざっくりでOK。

# 塩さばのフレッシュトマトソースがけ

調理時間 15分

材料（2人分）

塩さば（あまり大きくないもの）…2切れ
サラダ油…小さじ1
**フレッシュトマトソース**
トマト…大1個
玉ねぎ…1／6個
オリーブ油…大さじ1
レモン汁…小さじ1
塩、こしょう…各適量

作り方

下準備
1 トマトは小さめの角切りに、玉ねぎはみじん切りにする。ボウルにトマトソースの材料をすべて入れて混ぜ合わせる。

cold start
2 フライパンにサラダ油をひき、ゴムべらで広げる。塩さばを皮を下にして置き、フタをして中火にかけ、パチパチと音がし始めてから約3分焼く。

3 フタを取り、余分な脂をペーパータオルでふき取る。皮がパリッと焼けたら裏返し、フタをしないでさらに約2分焼く。皿に盛り、トマトソースをかけ、青じそ4枚（分量外）をちぎってのせる。

memo 安くて使いやすい塩さばの切り身。大根おろしのかわりに生のトマトを使ったソースを添えればイタリア風に。

# 鮭の簡単ムニエル

調理時間 10分

**材料**（2人分）

甘塩鮭…2切れ
小麦粉…適量
サラダ油…大さじ2
レモン（輪切り）…2枚
バター…2かけ

**作り方**

下準備
1 甘塩鮭は水けをペーパータオルでふき、小麦粉をはたく。

cold start
2 フライパンにサラダ油をひき、ゴムべらで広げて1を置く。フタをして中火にかけ、パチパチと音がし始めてから2分焼く。

3 フタを取って裏返し、フタをしないでさらに約2分焼く。焼き色が足りないようであれば、火を少し強めて好みの焼き色に焼き上げる。皿にのせ、リーフレタス適量（分量外）を添え、レモンとバターをのせる。

memo ムニエルにはバター風味は欠かせませんが、焦げやすいので、あとのせで風味をプラスします。

# さんまのシンプル塩焼き

調理時間 15分

**材料（2人分）**

さんま…2尾
塩…小さじ2
酒…大さじ1
サラダ油…小さじ1

**作り方**

**1** 下準備
さんまは頭を切り落として腹わたを取り、洗って半分に切る。ペーパータオルで水けをふき取り、塩をすり込んで約10分置く。

**2** cold start
フライパンにサラダ油をひき、ゴムべらで広げる。さっと洗ってペーパータオルで水けをふいた1を並べ、酒をまわし入れる。フタをして中火にかけ、パチパチと音がし始めてから約2分焼く。

**3**
フタを取って裏返し、フタをしないでさらに約2分半焼く。焼き上がりに脂が多い場合はペーパータオルで軽く脂を取る。皿に並べ、かいわれ菜適量（分量外）を添え、しょうゆまたはポン酢しょうゆ少々（分量外）をかける。

memo
大根をおろすのがおっくう！というときは、かいわれ菜を添えてみて。大根のスプラウトですから口の中に入れればピリッと辛みがあり大根おろしのかわりに。

# 屋台風いか焼き

調理時間 15分

材料（2人分）

いか（するめいか、やりいかなど）…2杯

A
しょうゆ…大さじ1
みりん…大さじ2

サラダ油…小さじ1

作り方

下準備
1 いかは、足は水をはったボウルの中でもみ洗いを、胴とエンペラはさっと洗い、ペーパータオルで水けをふき取る。

cold start
2 フライパンにサラダ油をひき、ゴムべらで広げて1を置く。フタをして中火にかけ、パチパチと音がし始めてから1分半加熱する。

3 フタを取って裏返し、フタをしないで1分半ほど加熱する。Aを加えて火を強め、いかにからめる。食べやすく切り、器に盛る。

memo
安くてヘルシーないか。下処理方法をぜひ覚えましょう。胴の内側に指を入れ、足のつけ根をはがしてそっと抜きます（内臓もついてきます）。

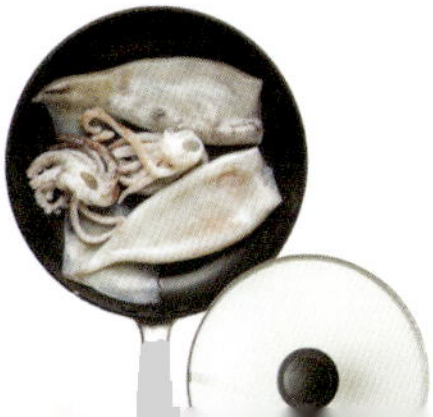

# スペアリブの塩レモンマリネ焼き

調理時間 20分
（マリネする時間は除く）

材料（2人分）

豚スペアリブ…500g
塩…小さじ1弱
こしょう…適量
オリーブ油…大さじ1
水…100㎖
オリーブ油…小さじ1

作り方

下準備
1 豚スペアリブは塩、こしょうをすり込み、保存袋に入れてオリーブ油大さじ1を加え、全体にからめて半日程度置く。

cold start
2 フライパンにオリーブ油をひき、ゴムべらで広げて1を並べる。水を入れてフタをし、中火にかける。パチパチと音がし始めたら火を弱めて、肉にほぼ火が通るまで約15分焼く。

3 フタを取って裏返し、水分をとばす。脂が多く出ている場合は、ペーパータオルでふき取り、中火にして表面に焼き色がつくまで焼く。器に盛り、レモン汁1／2個分（分量外）をかけ、粗びき黒こしょう適量（分量外）をかける。

memo 焼くときはオーブンで調理することの多いスペアリブですが、フライパンでもおいしくできます。最初に水を加えて蒸し焼きにするのがコツ。1の状態で冷蔵で3日、冷凍で3週間保存できます。

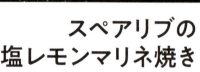

# 豚の漬けしょうが焼き

調理時間 15分

**材料（2人分）**

豚ロース肉（しょうが焼き用）…200g

A
- みりん…大さじ1.5
- しょうゆ…大さじ1
- 砂糖…小さじ1/2
- しょうが（すりおろす）…小さじ1

サラダ油…小さじ1

**作り方**

下準備

1 豚ロース肉とAを保存袋に入れてよくもみ込み、約10分置く。

cold start

2 フライパンにサラダ油をひき、ゴムべらで広げて1を広げて並べる。強めの中火にかけ、パチパチと音がし始めたら1分焼く。

3 裏返して中火にし、さらに1分焼く。焼き色が足りないようであれば、火を少し強め好みの焼き色に焼き上げる。器に盛り、キャベツのせん切り適量（分量外）を添える。

memo

「熱いフライパンに調味液を入れてはねるのが怖い！」という人におすすめの調理法。下ごしらえをしておけば、子どもでも作れるレシピです。1の状態で冷蔵で3日、冷凍で3週間保存できます。

column 1

# 少ない油でとっておきのコールドスタート揚げを作る

最近はおうちで揚げ物をする人が減っているようですね。たっぷりの揚げ油は用意するのも処理するのも大変だけど、フライパンの底から1㎝高さくらい入れて揚げるのであれば手軽です。

コールドスタートでも揚げ物はできます。メリットを生かせるのは、じわじわと火を通しながら最後はカリッと高温で仕上げるようなもの。しょうゆ、みりん、砂糖などが入った調味料に漬けた食材は焦げやすいので不向きかもしれません。

私がおすすめしたいのは春巻き。具を炒めてから冷まして……というめんどうな手順なしで、生の具材を直巻きして揚げてしまいます。皮に包まれて、ゆっくり蒸し焼きのようになった具がジューシーに仕上がりますよ。

## 3種の揚げ焼き春巻き

材料（2人分）

えびアボカド

えび…中10尾

塩、こしょう…各適量

アボカド…1／2個

マヨネーズ…適量

作り方（調理時間10分）

下準備

1 えびアボカドの具を作る。えびは殻をむき2等分に切り、塩、こしょうを振る。アボカドは皮をむいて種を取り、約1㎝の角切りにする。

2 鶏青じその具を作る。ボウルに鶏ひき肉、Aを入れて混ぜ合わせ、5等分する。

鶏青じそ
鶏ひき肉（もも）…200g
A 片栗粉、しょうが（すりおろす）、しょうゆ…各小さじ1
青じそ…5枚

もちキムチーズ
切りもち…4個半
スライスチーズ…1枚
キムチ…50グラム

春巻きの皮…15枚
巻きのり、（小麦粉適量を水少量で溶く）
揚げ油…各適量

3 もちキムチーズの具を作る。切りもちは1㎝程度の角切りに、チーズは細長く5等分に切る。キムチは汁けを絞り、刻む。

4 春巻きの皮を角が手前にくるようにして置く。1の1／5量をのせ、マヨネーズをのせる。手前からひと巻きして左右を折り込み、2辺に巻きのりをつけてしっかり巻く。残りも同様に作る。

5 鶏青じそは春巻きの皮1枚に青じそ1枚と2の1／5量をのせて、もちキムチーズは3の1／5量をのせて4と同様に巻く。

cold start

6 フライパンに約1㎝高さの油を入れ、油が冷たいまま春巻きを巻き終わりを下にして並べる。強火にかけ色づくまで返しながら約4分揚げる。

Cold start
# 焼く
うんちく

コールドスタートなら

## ひき肉をかたまりで焼いても割れにくい

肉は焼くと脂が出て縮みます。中でもひき肉は表面積が多く、脂が流れ出しやすいため縮みやすいので、かたまりにして焼くときは粒同士がしっかりくっついていないと、間の空気が膨張して割れる原因になってしまいます。

熱いフライパンに肉種を入れると、急激に温度が上がって割れやすくなります。これを防ぐための対策としてコールドスタートはとても有効です。

先に焦げることなく、じわじわと熱が入っていくので、割れにくくなります。成形は、いわゆる「キャッチボール」も「真ん中くぼませ」もなしで大丈夫。分厚くしても、ゴロゴロ具を入れても火が通るまで焦がさず焼き上げればいいんです。ポリ袋の上から練ったらハサミで切り開き、フライパンにのせるだけだから、手も汚れません。

P.14のハンバーグ、P.15のつくねもポリ袋からゴムべらやスプーンで肉種をフライパンにうつせばOK。

コールドスタートで

# 鶏肉をパサつかせずに焼く

火が通りにくい鶏肉。しっかり焼こうとすると脂や水分が抜けてパサパサになっておいしくないし、外側の焼き具合だけ見ていると中は生のまま、なんてことも。

フタをしてコールドスタートにすると、肉の上下から効率よく熱が加わり短時間で火を通すことができます。仕上げにフタを取って焼けば、外側はカリッと香ばしくなります。

皮をカリッとさせるために大事なのは、フライパンに鶏肉を並べるときにたるまないようにビシッと広げて置くこと。熱したフライパンだとやけどしそうでちょっと怖いけれど、コールドスタートなら落ち着いてできると思います。

また厚みのあるむね肉を中まで火を通そうとして焼くと固くパサパサになりがちです。あらかじめ薄くしておけばさっと短時間で焼けます。焼き方のコツにばかり目がいきがちですが、下準備のくふうで時短、手間短がかなうこともあります。

コールドスタートなら

# 薄切り肉は片面だけ焼くという選択肢も

火の通りが速い薄切り肉。熱いフライパンに入れると、みるみるうちに色が変わりあせってしまいますよね。急いで箸で動かすと肉によって焼き加減にバラつきが出たり、クルッと丸まって炒め物のようになってしまったり。

パキッと板状に焼き上げるには、パックに折りたたまれて入っている肉をしっかり広げてフライパンに並べましょう。フライパンが冷たいうちに並べたら、フタをして火にかけます。急な温度変化が生じないので肉が縮んで丸まることもありません。

フタをすると上からも熱が入り、片面焼くだけでも十分に火が通ります。焼き面がこんがりと、反対側が白っぽくなればＯＫ。いじらず、じっとフライパンまかせにすることが大事です。肉巻きもとじ目を下にしてコールドスタートでじっくり焼くと、はがれないですよ。

焼き面においしそうな焼き色がついて、カリッと焼き上がります。盛りつけるときは、焼き色のついているほうを上にしましょう。

コールドスタートで

# 厚切り肉を室温に戻して さわらずに焼く

焼き加減がむずかしい厚切り肉。生焼けも心配ですが、それを気にするあまり、火を通しすぎて固くなってしまう失敗のほうが多いように感じます。

1.5㎝以上の厚みのある肉を焼くときは、15分くらい前に冷蔵庫から出しておきましょう。加熱したときに芯が冷たすぎると、中に火が通るころには外は固くなってしまいます。

焼く直前に塩、こしょうを振ったらコールドスタート。牛の厚切り肉は中がレアでも大丈夫ですから、いきなり強火にかけるという火加減でいきましょう。焼き上がったらアルミホイルに包んで保温をすれば、余熱が入っていきます。

豚の厚切り肉はフタをしてコールドスタート。野菜もいっしょに入れればつけ合わせも同時にできます。

表面をさわってひんやり感じるくらいになるのが目安。ぬるくなるまで置かなくても大丈夫です。

コールドスタートなら

# 切り身魚も一尾魚も余分な脂を落として焼ける

焼き魚は魚焼きグリルまかせで焼くだけなので簡単ですが、身割れがしやすい、焦げやすい、固くなりやすい、と上手に焼くのはむずかしいし、網を洗うのもめんどう。だからでしょうか、最近ではフライパンで魚を焼く人が増えているようですね。

フライパンで焼くときは、いかにさわらないかが勝負。フタをして火にかけたらフライパンまかせにしましょう。コールドスタートでじわじわと余分な脂を出しながら焼き、フタを取ってからペーパータオルでふき取ります。網焼きで脂を落としながら焼くのと同じように焼き上がり、臭みも残りません。

魚に粉をはたいてから焼くムニエルはうっかりすると焦げてしまうのですが、コールドスタートならその心配もありません。

一尾魚は少量の酒を加えてからフタをして火にかけます。蒸し焼き状態になって身がふっくらと仕上がりますよ。

コールドスタートなら

# マリネした肉も焦げつかず香ばしく焼ける

肉を調味液ごと保存袋に入れて冷蔵庫や冷凍庫に保存しておくと本当に便利。仕込んでおけば、いつでも、誰でも、焼くだけで出来たての料理が食べられます。突然のゲストへのおもてなしにも役立ちます。冷凍庫で保存していたものは前日に冷蔵庫にうつして解凍してから使います。

たとえばスペアリブのように「オーブンで焼くのが当たり前」と思っているものも、案外フライパンでできてしまいます。水を加えてコールドスタートで蒸し焼きにして中まで火を通してから焼き色をつけましょう。

しょうが焼きのようにしょうゆ入りの調味料に漬けると焦げやすくなるので、コールドスタートの出番。フタをして焼けばたれがはねるのも防げます。

保存はチャックつき保存袋で。肉に調味液をもみ込むときも手を汚さずにできて便利。均一に平たく広げて密閉しておきます。

Part 2

# 炒める

フライパンまかせにして
あまりいじらないという炒め方の提案。
コールドスタートなら
あわただしい動作なしで
できるのがうれしい。

# ざっくり チンジャオロースー

調理時間 15分

材料（2人分）

牛こま切れ肉（赤身）…150g

A しょうゆ、酒、片栗粉…各小さじ1

ピーマン…5個（120g）

オイスターソース…大さじ1

サラダ油…大さじ1

作り方

下準備

1 牛こま切れ肉は約1.5cm幅に切り、Aをもみ込む。ピーマンは半分に切ってへたと種を取り、斜め半分に切る。

cold start

2 フライパンにサラダ油をひき、ゴムべらで広げてから肉を広げ、ピーマンをのせる。強火にかけ、約1分加熱する。

3 ざっくり混ぜ、肉に火が通るまでときどき混ぜながら炒める。

4 オイスターソースを加え、全体にからめる。

memo 牛肉もピーマンも細切りにしない「ざっくり」レシピ。肉に火が通れば、あとは調味料が全体にからまれば完成するスピードメニューです。牛肉は赤身がおすすめ。

# にらレバだけ炒め

調理時間 15分

**材料（2人分）**

鶏レバー…200g
A しょうゆ、酒、片栗粉
…各大さじ1/2
にら…1束
塩、こしょう…各適量
サラダ油…大さじ1
ごま油…小さじ1

**作り方**

下準備
1 鶏レバーは筋を取り、食べやすい大きさに切る。水に約5分浸け、振り洗いをして水けをペーパータオルでふき、ボウルに入れAをもみ込んで約5分置く。にらは4cm幅に切る。

cold start
2 フライパンにサラダ油をひき、ゴムべらで広げる。汁けを切ったレバーを並べ、フタをして中火にかける。パチパチと音がし始めたら弱めの中火にし、約1分加熱する。

3 フタを取って裏返し、再度フタをし1分加熱してレバーに火を通す。

4 フタを取り、全体を混ぜて火を強め、焼き色をつける。にらを加え全体を混ぜ、塩、こしょうで味を調え、ごま油をまわしかける。

memo 火の通りにくい鶏レバーは先にコールドスタートでじっくり蒸し焼きのようにすると、ふっくらとやわらかく仕上がります。にらを加えたらさっと混ぜるくらいでいいですよ。

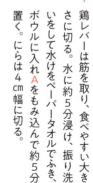

# 鶏となすのイタリアン炒め

調理時間 20分

## 材料(2人分)

- 鶏もも肉…1枚(300g)
- A
  - にんにく(すりおろす)…小さじ1/2
  - 塩…小さじ1/3
  - こしょう…適量
- なす…2〜3本
- トマト…中2個
- 塩、こしょう…各適量
- 水…大さじ3
- オリーブ油…大さじ2

## 作り方

**1** 下準備
鶏もも肉は8〜10等分に切り、Aをもみ込む。なすは2cm幅の輪切りに、トマトはくし形に切る。

**2** cold start
フライパンにオリーブ油をひき、ゴムべらで広げる。肉、なすを並べて水を加え、フタをして中火にかけ、沸いてきてから3分加熱する。

**3**
フタを取って肉を裏返し、水分を煮とばす。肉となすをときどき返しながら、全体に焼き色がつくまで3〜4分加熱する。

**4**
トマトを加え、全体を混ぜながら1〜2分炒め、塩、こしょうで味を調える。

memo 最初に蒸し焼きにして鶏のうまみをなすにうつします。ざっと炒めるのはトマトを加えてから。

# 鶏と玉ねぎのBBQ《バーベキュー》炒め

調理時間 15分

**材料**（2人分）

- 鶏もも肉…1枚（300g）
- 塩…小さじ1／4
- こしょう…適量
- 玉ねぎ…大1個
- **ケチャップソース**
  - ケチャップ…大さじ2
  - ウスターソース…大さじ1
  - にんにく（すりおろす）…小さじ1／3
- 水…大さじ3
- サラダ油…小さじ1

**作り方**

下準備

**1** 鶏もも肉は8～10等分に切り、塩、こしょうをすり込む。玉ねぎはくし形に切る。

cold start

**2** フライパンにサラダ油をひき、ゴムべらで広げる。肉、玉ねぎを並べて水を加え、フタをして中火にかけ、沸いてきてから3分加熱する。

**3** フタを取って肉を裏返し、水分を煮とばす。肉と玉ねぎをときどき返しながら、全体に焼き色がつくまで3～4分加熱する。

**4** 混ぜ合わせたケチャップソースを加え、全体にからめる。器に盛り、粗びき黒こしょう適量（分量外）を振る。

memo P.40のイタリアン炒めと作り方はほぼ同じ。合わせる野菜と調味料のアレンジで、いろいろなメニューができます。

# ゴーヤと厚揚げの味噌炒め

調理時間 10分

**材料（2人分）**

ゴーヤ…1本（300g）
塩…小さじ1
厚揚げ…1枚（200g）
しめじ…1パック（100g）

**A**
味噌…大さじ1.5
砂糖…大さじ1
酒…大さじ1/2
にんにく（すりおろす）…小さじ1/3

サラダ油…大さじ1/2

**作り方**

**1** 下準備
ゴーヤは縦半分に切ってスプーンで種を取り、5㎜幅に切る。ボウルにゴーヤと塩を入れて軽くもみ、約5分置いて水で洗い、水けを絞る。厚揚げは食べやすい大きさに切る。しめじは石づきを切り落としてほぐす。

**2** cold start
フライパンに1を入れ、サラダ油を加えて全体にからませる。フタをして弱めの中火にかけ、パチパチと音がし始めてから1分半ほど加熱する。

**3**
フタを取り、全体を混ぜながらしんなりするまで約2分炒める。

**4**
混ぜ合わせたAを加え、全体にからめる。

memo ゴーヤは油でコートしてから炒めると苦みが軽減します。食べごたえのある厚揚げとしめじのうまみで、肉なしでも大満足の1皿。

# 根菜のゴロゴロきんぴら

調理時間 15分

材料（2人分）

ごぼう…1本（200g）
にんじん…小1本
ちくわ…3本
水…大さじ3
A しょうゆ、みりん…各大さじ1
　砂糖…大さじ1/2
サラダ油…大さじ1
いり白ごま…適量

作り方

**1** 下準備
ごぼうは5～7㎜幅の斜め切りにし、水に約5分浸けて水けをきる。にんじんはごぼうと同程度の大きさに切る。ちくわは厚めの斜め切りにする。

**2** cold start
フライパンに1を入れ、サラダ油を加えて全体にからませ、水を加える。フタをして弱めの中火にかけ、沸いてきてから3分加熱する。

**3**
フタを取って余分な水分をとばし、ときどき混ぜながら全体に軽く焼き色がつき始めるまで3～4分炒める。

**4**
Aを加え、汁けがほぼなくなるまで炒め、いり白ごまを混ぜる。

memo 固い根菜を大きめに切っても、水を加えてコールドスタートすれば短時間でほどよい歯ごたえに。ちくわを入れるとボリュームが出ます。

# えびの マヨネーズあえ炒め

調理時間 15分

## 材料（2人分）

えび（ブラックタイガーなど大きめのもの）…8尾
片栗粉…小さじ1
ブロッコリー…1／3個

A
片栗粉、サラダ油…各 小さじ1
塩…小さじ1／5
こしょう…適量

B
マヨネーズ…大さじ2
にんにく（すりおろす）…少々
こしょう…適量

サラダ油…大さじ2

## 作り方

下準備
1 えびは殻と背わたを取ってボウルに入れ、片栗粉と水少々を加えてよくもみ、水で洗ってペーパータオルで水けをふき取る。背に大きめに切り込みを入れて、Aをからめる。ブロッコリーは小房に分ける。

cold start
2 フライパンにサラダ油をひき、ゴムべらで広げ1を並べる。フタをして強めの中火にかけ、1分半加熱する。

3 フタを取ってえびとブロッコリーを裏返し、1分加熱したらいったん火を止め、ペーパータオルで余分な油をふき取る。

4 中火にかけて全体を混ぜ、混ぜ合わせたBを加えて火を止め、手早く混ぜて、器に盛る（長く加熱するとマヨネーズが完全に溶けてしまうので、あえる程度で）。

memo えびは平たくしたほうが火の通りがよくカサも増すので、しっかり切り込みを入れましょう。

# 揚げない酢豚

調理時間 15分

**材料（2人分）**

豚肩ロース厚切り肉…2枚（200g）
塩…小さじ1/5
こしょう…適量
片栗粉…小さじ1
パプリカ（赤・黄）…各1/2個

A
しょうゆ、酢、砂糖…各大さじ1
しょうが（すりおろす）、片栗粉…各小さじ1
水…大さじ3

サラダ油…大さじ2

**作り方**

下準備
1 豚肩ロース厚切り肉は一口大に切って塩、こしょうを振り、片栗粉をからめる。パプリカは半分に切ってへたと種を取り、乱切りにする。

cold start
2 フライパンにサラダ油をひき、ゴムべらで広げて肉を並べる。

3 強火にかけて1分加熱し、肉を裏返し、さらに1分加熱したらいったん火を止め、ペーパータオルで余分な油をふき取る。

4 強めの中火にかけてパプリカを入れ、1分ほど炒める。混ぜ合わせたAを加え、全体を混ぜてとろみをつける。

memo 肉は少量の冷たい油に入れてカリッと揚げ焼きに。揚げた肉をいったん取り出してから野菜を炒める…というような手間がないからラクです。

# ほっとけ五宝菜

調理時間 15分

## 材料（2人分）

豚こま切れ肉…100g

A
- 塩、こしょう…各少々
- しょうが（すりおろす）…小さじ1/2

白菜…大2枚
にんじん…1/3本
小松菜…1株
しいたけ…3枚
水…大さじ1

B
- 鶏ガラスープの素（顆粒）…大さじ1
- 片栗粉…大さじ1/2
- しょうが（すりおろす）…小さじ1
- 水…100mℓ

ごま油…大さじ1

## 作り方

**1** 下準備
豚こま切れ肉にAをもみ込む。白菜はざく切りにする。にんじんは薄めの半月またはいちょう切りにする。小松菜は3㎝幅に切る。しいたけは石づきを取り1㎝幅に切る。

**2** cold start
フライパンにごま油をひいてゴムべラで広げ、白菜→にんじん→小松菜→しいたけの順に重ね、肉を広げてのせる。水をまわし入れてフタをし、中火にかけてパチパチと音がし始めてから2分加熱する。

**3**
フタを取って火を少し強め、全体を混ぜ合わせて肉に火が通るまで加熱する。

**4**
混ぜ合わせたBを加え、手早く混ぜてとろみをつける。

memo
野菜を時間差投入しながら、つきっきりで炒める必要なし。野菜は火の通りやすさを考えて重ねれば、コールドスタートをしてほったらかしでも、それぞれほどよい食感に。

# そばなし焼きそば

調理時間 10分

**材料**（2人分）

- 豚ばら薄切り肉…200g
- キャベツ…1/3個（約300g）
- もやし…1袋（200g）
- 塩、こしょう…各適量
- とんかつソース…大さじ2〜3
- サラダ油…大さじ1/2
- 青のり、紅しょうが…各適量

**作り方**

下準備
1 豚ばら薄切り肉は2〜3等分の長さに切る。キャベツはざく切りにする。

cold start
2 フライパンにサラダ油をひき、ゴムべらで広げる。キャベツ→もやしの順に重ね、肉を広げてのせる。塩、こしょうを振ってフタをして中火にかけ、パチパチと音がし始めたら2分加熱する。

3 フタを取って火を少し強め、肉に火が通るまで混ぜながら2分ほど炒める。

4 とんかつソースを加え、全体を混ぜる。器に盛り、好みでさらにとんかつソース適量（分量外）をかけ、青のり、紅しょうがを散らす。

memo 「焼きそば味でご飯が食べたい！」という願望をかなえた1品。たっぷりの野菜でもコールドスタートでゆっくり火が入るうちにカサが減るので大丈夫。

# エスニック鶏そぼろサラダ

調理時間 10分

材料（2人分）

鶏ひき肉…200g

A
- ナンプラー…大さじ1.5
- 粉唐辛子（一味など）…適量
- 水…大さじ3

パクチー…1株
小ねぎ…2本
紫玉ねぎ…1/4個
ミントの葉…10枚
レモン汁…1/2個分（大さじ1.5）
キャベツ（くし形に切る）…適量

作り方

下準備
1 パクチー、小ねぎは小口切りにする。紫玉ねぎはみじん切りにする。ミントは小さくちぎる。鶏ひき肉にAを加え、均一になるまで混ぜる。

cold start
2 フライパンに1の肉を入れて広げる。

3 中火にかけて約2分加熱し、肉に火が通ってきたら、全体をほぐしながら混ぜ、肉に火を通す。

4 火を強めて煮汁をとばし、汁けがほぼなくなったら火を止める。レモン汁を加えて全体をよく混ぜ、1の野菜を混ぜる。器に盛り、キャベツを添える。

memo 東南アジアのおかずサラダ「ラープ」風に。キャベツといっしょに食べます。鶏ひき肉はむね肉がおすすめ。オイルフリー調理で、脂の少ないむね肉のひき肉を使うとヘルシーです。

# おおらかビビンパ

調理時間 10分

材料（2人分）

牛ひき肉…200g
A
しょうゆ…小さじ2
砂糖、コチュジャン、ごま油…各小さじ1
にんにく（すりおろす）…小さじ1／2
水…大さじ2

小松菜…1束
ごま油…小さじ1
ご飯…2膳分
キムチ…適量
温泉卵（市販）…2個

作り方

下準備
1 牛ひき肉にAを加え、均一になるまで混ぜる。小松菜は3㎝幅に切る。

cold start
2 フライパンにごま油をひき、ゴムべらで広げる。1の肉を広げ小松菜をのせ、フタをして中火にかけ、パチパチと音がし始めてから2分加熱する。

3 フタを取って火を強め、肉をほぐし全体を混ぜながら2分ほど加熱する。

4 器にご飯を盛り、3をのせ、キムチと温泉卵をのせる。

memo 牛ひき肉は、お好みで合びき肉にしてもいいですよ。最初はひき肉が板状に固まっているので、へらで切り分けるようにしてざっくりほぐしましょう。小松菜は別ゆでにしないで、いっしょに火を通してしまいます。

# ドライ豆カレー

調理時間 15分

## 材料（2人分）

- 合いびき肉…200g
- A
  - しょうが（すりおろす）…小さじ1
  - にんにく（すりおろす）、塩…各小さじ1/2
  - こしょう…少々
- 玉ねぎ…1個
- にんじん（すりおろす）…1本分
- ひよこ豆（ドライパック）…1袋（50g）
- カレールー（フレークタイプ）…40〜50g程度
- 水…100ml
- サラダ油…大さじ1
- ご飯…2膳分

## 作り方

**1** 下準備
玉ねぎはみじん切りにする。ボウルに合いびき肉、A、にんじんを入れて均一になるまで混ぜる。

**2** cold start
フライパンにサラダ油をひき、ゴムべらで広げる。1の肉を広げて玉ねぎをのせ、フタをして中火にかけ、パチパチと音がし始めてから2分加熱する。

**3**
フタを取って全体を混ぜ、パラリとしたら、水とひよこ豆を加える。沸いたら火を弱め5分煮る。

**4**
火を止めてカレールーを入れ、ルーが溶けたら再度中火にかけ、全体にとろみがつくまで加熱する。器に盛ったご飯にかける。

memo
水分の少ないドライカレーには、溶けやすいフレークタイプのカレールーを使うのがおすすめです。固形の場合は細かく刻むと溶けやすくなります。

column 2

# コールドスタートでは中華料理人より屋台の焼きそば屋さんを目指す

炒め物というと、フライパンを振って食材の上下を返す「鍋振り」に挑戦したくなるかもしれません。テレビの料理番組などでプロの方が素早く何度も鍋振りをする姿はなんとも華やかです。

でも家庭のコンロでは火力が弱く、火口から離して鍋振りをしていると、フライパン内の温度がどんどん低くなってしまいます。特に慣れない人が時間をかけて挑戦していると食材に火が通るまでに水けも出てきてしまい、べチャッとした仕上がりになりがちです。

そうならないためにコールドスタートである程度火を通してから、フライパンを火口から離さずに片手に菜箸、片手にフライ返しを持って、食材を持ち上げながら全体を返しましょう。

イメージは屋台の焼きそば屋さん。この方法ならIHでもおいしく炒め物ができます。

Cold start

# 炒める うんちく

コールドスタートなら

## フライパンまかせの「ほっとけ」炒めに

フライパンの中身を菜箸でずっと動かしているとなかなか食材に火が通らないので、思い切ってコールドスタートで「ほっとく」時間を作ってみましょう。肉に火が通ってから野菜を加えるのは普通の炒め物と同じですが、「ほっとく」だけで案外時短にも手間短にもつながります。

そして加える野菜が生でも食べられるようなものであれば、フライパンに入れたら全体に油が回るくらいで十分。そのほうがシャキッとした食感が残っておいしいですよ。

加える野菜の種類が多くなればなるほど、火の通り具合を加減するのがむずかしくなるので、まずは「肉1種類＋火の通りやすい野菜1種類」の組み合わせでコールドスタートの炒め物をやってみてください。料理初心者の方でも失敗なくできると思います。

肉に火が通ったのを確認したら野菜を投入します。肉が丸まって加熱にムラが出ることがなく、焼けた香ばしさもほどよく加わります。

コールドスタートなら

# ゴロゴロ鶏肉の炒め物もできる

炒め物に入っている鶏肉は親指の頭くらいの大きさの細かいものがほとんど。炒めて火を通すためには仕方がないのですが、日々のおかずとなると切るのがめんどうですよね。なにしろ鶏肉は細かく切りにくいですから。

ゴロゴロと大ぶりに切った鶏肉で炒め物をするならコールドスタートがぴったりです。火をしっかり通しながらパサつかずにふっくら仕上げるために、少し水を加えるのがコツです。

野菜もいっしょにコールドスタートすると、鶏のうまみがうつって普通に炒めるよりおいしくなります。このような「加水炒め」がむいている野菜はなすや玉ねぎ。なすを炒めると油がたくさん必要ですが、この方法なら最小限でＯＫ。玉ねぎはあっという間に火が通って、甘みが出ます。

コールドスタートの加水炒めなら野菜も大ぶりに切って大丈夫。ゴロゴロ食材の炒め物というと油で揚げてから炒めるというプロセスが必要ですが、これなら簡単です。

コールドスタートなら

# 野菜のえぐみはオイルでコートできる

炒め物はいろいろな食材をいっしょに調理することで、それぞれのうまみがうつり相乗効果でおいしくなりますが、うまく調理しないとえぐみや臭みなどもうつってしまいます。

そこで火を通す前に油を全体にからめてオイルコートしてからコールドスタートしてみたらどうだろう？と思い、やってみたら大成功。炒めながら油をからめていくよりも、事前にからめてからフライパンに入れてほったらかし！　のほうがずっとラクです。

ゴーヤは特におすすめ。独特の苦みが苦手な方にはオイルコート効果をぜひ試してほしいですね。アクの強いごぼうも油でしっかりコートしたうえでフタをして加水炒めにすれば、大ぶりに切っても大丈夫。コールドスタートの炒め物は「食べごたえ」という面でもすぐれているかもしれませんね。

オイルコートするのはフライパンの中でも。切った食材を入れ、油を加えてからめてから火にかける、という新しい調理方法です。

コールドスタートなら

# 揚げ焼き→炒めのプロセスもスムーズ

中華料理にはえびマヨや酢豚など「揚げてから炒める」というレシピが多くあります。おうちでは油もたくさん必要になるし、コンロも汚れるし、なかなか再現するのが大変だと思います。

コールドスタートの場合、まず少ない油に冷たい状態から入れてフタをして火にかけ、火が通ったら余分な油をふき取って残りの食材を加える、という方法が楽です。一度揚げ網に取り出しておくこともなし（洗い物が少ない）！　油はねを気にすることもなし！　残った油処理の手間もなし！

家庭料理の場合、キッチンをいかに汚さないかも手間を少なくする鍵になります。調理過程だけに目を向けがちですが、コールドスタートはそんな点でもすぐれていると思います。

「揚げ焼き」といっても、使う油はこんなに少量。食材に粉を振っておけばカリッと香ばしくなります。

コールドスタートなら

# 重ね技で肉のうまみを野菜にうつせる

炒め物でめんどうなことのひとつに「時間差投入」があると思います。そこで火の通りやすさに合わせて切り方を変え、火の通りにくいものから順に重ねてコールドスタート。蒸されて適度に火が通ってから水けをとばしながら炒める、という方法を試してみました。

菜箸でずっと動かしていると野菜が折れて、炒めれば炒めるほど水けが出てベチャッとしてしまいますが、この方法だと適度にしんなりしてから動かすので大丈夫です。

この「重ね技」では、肉は薄切りのものを使うのがおすすめ。野菜の上にのっけてコールドスタートすれば、肉のうまみがリンスのように野菜に落ちてからんでいくのです。フライパンに直接触れていないので、熱がゆっくり入ってふんわりやわらかく仕上がります。

野菜をたっぷり入れた上に薄切りの肉をのせます。最初にコールドスタートで蒸らしておけば野菜のカサがグッと減り、炒めやすくなりますよ。

コールドスタートで

# 調味料と肉を合わせて炒める「ゆるそぼろ」を

そぼろ、というと簡単メニューのイメージですが、加熱している間はパラパラになるようにずっと混ぜていないといけないのが難点。コールドスタートでフライパンまかせにすると、どうしてもゴロゴロとかたまりになってしまうのですが、家族に食べてもらったらこれもアリという意見が。

「そぼろ＝パラパラ」というイメージを取りされば、加熱時間が短縮、ほぐし続ける手間もなく、コールドスタートで究極の簡単料理ができます。ポイントは加熱する前にひき肉と調味液を混ぜてしまうこと。しっかり味が入ります。

この調理法は調味料次第でいろいろ応用がきくので、覚えておくと便利。ひき肉＋調味液のシンプルな形で作っておけば冷蔵庫で保存もできます。

色よく焼けたら、ゴムべらでざっくりほぐしながら全体に火を通します。

Part 3
# 蒸す

大きな蒸し器を出さなくてもいい。
たっぷりのお湯が沸くまで
待たなくてもいい。
コールドスタートで
蒸し料理がぐっと身近になるはず。

# むっちり蒸し豚

調理時間 30分

**材料（2人分）**

豚ばらかたまり肉…350g
塩…小さじ1／2
酒…50㎖
水…200㎖
**味噌だれ**
味噌…大さじ1.5
砂糖…大さじ1／2
すり白ごま…小さじ1
しょうが（すりおろす）、サラダ油…各小さじ1／2
水…小さじ1弱
サニーレタス、青じそ…各適量

**作り方**

1 下準備
豚ばらかたまり肉は約1.5㎝の厚さに切り、塩をすり込む。

2 cold start
フライパンに肉、酒、水を入れて中火にかける。

3
沸いたらアクを取って火を弱め、フタをして肉に火が通るまで約20分加熱する。粗熱を取って器に盛り、サニーレタス、青じそといっしょに盛り、混ぜ合わせた味噌だれを添える。

memo
かたまり肉は、食べやすい大きさに切ってから蒸すと短時間で火が通ります。レタス、青じその上にのせ、味噌だれといっしょに巻いて食べます。

# 汁なしポトフ

調理時間 20分

**材料**（2人分）

- じゃがいも…1個（約150g）
- 玉ねぎ…1個
- にんじん…小1本
- キャベツ…1/3個（約300g）
- にんにく…1かけ
- ウインナーソーセージ…4本程度
- A
  - 固形スープの素（コンソメ）…1個
  - ローリエ（あれば）…1枚
  - 水…200mℓ
  - バター…10g

**作り方**

1 下準備　じゃがいもは半分に、玉ねぎはくし形に切る。にんじんは乱切りに、キャベツは半分（くし形切り）に、にんにくは薄切りにする。

2 cold start　フライパンに1、Aを入れて中火にかける。沸いたらフタをして火を弱め、じゃがいもに串が通るまで約10分加熱する。

3 フタを取ってソーセージを入れ、再びフタをして温まるまで加熱する。器に盛り、好みで粒マスタード適量（分量外）を添える。

memo　スープで煮るよりも蒸したほうが時間がかからず、煮崩れも防げます。ソーセージは最初から加えると割れてしまうので、最後に加えましょう。

# 蒸し肉じゃが

調理時間 30分

材料（2人分）

じゃがいも…3個（400g）
にんじん…1／3本（70g）
玉ねぎ…1個（200g）
牛薄切り肉…150g
砂糖、しょうゆ…各大さじ3・5
酒、みりん…各大さじ2
サラダ油…小さじ2

作り方

下準備
1 じゃがいもは大ぶりに切り、表面をさっと水洗いする。にんじんは小さめの乱切りに、玉ねぎはくし形に切る。牛薄切り肉は大きければ食べやすく切る。

cold start
2 フライパンにじゃがいも、にんじん、玉ねぎとサラダ油を入れて全体をからめる。

3 肉を1切れずつ広げてのせ、砂糖→みりん→しょうゆ→酒の順に振り、フタをして中火にかける。沸いたら弱めの中火で約5分加熱する。

4 底から混ぜ、再びフタをして約3分加熱し、火を強めて軽く煮詰める。

memo 水もだしも使わないで作る蒸し煮の肉じゃが。甘じょっぱい味がからんだ野菜をくずしながら食べましょう。

# レタスとあさりのエチュベ

調理時間 10分

## 作り方

cold start

1 フライパンにあさり、バター、水を入れ、フタをして中火にかける。沸いたらあさりの殻があくまで約3分加熱する。

2 フタを取ってレタスを入れ、再びフタをして1分加熱する。器に盛り、粗びき黒こしょう適量（分量外）を振る。

## 材料（2人分）

レタス…小1個
あさり（砂抜きしたもの）…300g
バター…10g
塩、こしょう…各適量
水…50㎖

memo 少量の水で蒸し煮にする「エチュベ」という調理法はフランスでよく使われます。レタスのかわりにキャベツでもおいしいです。

# 鶏とセロリのレモンバター蒸し

調理時間 10分

材料（2人分）

鶏むね肉…1枚（250g）
塩…小さじ1/3
こしょう…適量
セロリ…1本
バター…150g
水…大さじ3
レモン汁…大さじ1

作り方

下準備
1 鶏むね肉は、斜めにそぎ切りして塩、こしょうをもみ込む。セロリの茎は筋を取り除き、肉と同じ大きさの乱切りにする。葉はざく切りにする。

cold start
2 フライパンに肉、セロリの茎、バター、水を加えてフタをする。強めの中火にかけ、沸いたら1分半加熱する。

3 フタを取り、汁けをとばしながらさらに30秒ほど加熱する。

4 塩、こしょう各適量（分量外）で味を調え、セロリの葉とレモン汁を加えて混ぜ合わせる。器に盛り、粗びき黒こしょう適量（分量外）を振る。

memo スピード蒸し料理ながら、セロリの香りとバターのうまみで複雑な味わいに。レモンは香りを生かすために最後に加えましょう。

# しっとりよだれ鶏

調理時間 10分

**材料**（作りやすい分量）

鶏もも肉…2枚（600g）
塩、こしょう…各適量
酒…大さじ2
水…大さじ4
**合わせだれ**
　砂糖、しょうゆ、酢…各小さじ2
　ラー油…小さじ1
　しょうが（すりおろす）、すり白ごま…各小さじ1

**作り方**

下準備
1 鶏もも肉は余分な脂を取り、肉厚の部分があれば切れ目を入れて開き、塩、こしょうをすり込む。

cold start
2 フライパンに酒、水を入れ、肉を皮を上にして置き、フタをして中火にかける。

3 沸いたらフタを取り、肉を裏返す。

4 再びフタをして弱めの中火で5分加熱し、火を止めそのまま粗熱が取れるまで置く。肉1枚を食べやすく切って器に盛り、混ぜ合わせたたれをかけ、レタス、きゅうり、パクチーなど好みの生野菜適量（分量外）を添える。※残りはゆで汁ごと保存容器に入れて冷蔵庫へ。

memo 最近人気のよだれ鶏は、蒸し鶏にピリ辛だれをかける中華料理。もも肉で作るとコクがあってジューシーに仕上がります。合わせだれに粉ざんしょう少々を加えると、より本格的になります。

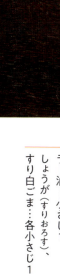

# サラダチキンのボリュームサラダ

調理時間 10分

**材料**（作りやすい分量）

鶏むね肉…2枚（500g）
玉ねぎ（すりおろす）…大さじ2
ドライハーブミックス、塩…各小さじ1/2
こしょう…少々
オリーブ油…小さじ1
酒…大さじ2
水…大さじ4
グリーンカール、トマト、ゆで卵、好みのドレッシング…各適量

**作り方**

**1** 下準備
鶏むね肉に塩、こしょうをすり込み、さらに玉ねぎ、ハーブミックス、オリーブ油をもみ込む。

**2** cold start
フライパンに酒、水を入れ、肉を皮を上にして置き、フタをして中火にかける。

**3**
沸いたらフタを取り、肉を裏返す。再度フタをして弱めの中火にし、5分加熱し、火を止めそのまま粗熱が取れるまで置く。

**4**
肉1枚を食べやすく切り、グリーンカール、トマト、ゆで卵といっしょに器に盛り、好みのドレッシングをかける。※残りはゆで汁ごと保存容器に入れて冷蔵庫へ。

memo 糖質オフの流行で話題のサラダチキン。おうちでも簡単に作れます。ハーブミックスはイタリアンタイプのものがおすすめです。

# ツナじゃがオクラのサブジ風

調理時間 10分

材料（2人分）

じゃがいも…2個
（約300g）
オクラ…1袋
ツナ缶…小1缶
カレー粉…小さじ1
クミンシード、塩
…各小さじ1／2
こしょう…適量
水…大さじ3
サラダ油…大さじ1

作り方

下準備
1 じゃがいもは2㎝角に切る。オクラは塩適量（分量外）で表面をこすり洗いし、水で洗い流して根元と先を切り落とす。ツナは軽く汁けを切る。

cold start
2 フライパンにすべての材料を入れ、混ぜ合わせる。フタをして中火にかけ、沸いてから3分加熱する。

3 フタを取って全体を混ぜ合わせ、さらに1～2分加熱する。

memo インドで定番のスパイシーな蒸し煮料理。たんぱく質はアクの出ないツナにすれば、全部をフライパンに入れて火にかけるだけ。

# 豚のさっぱり梅蒸し

調理時間 10分

**材料（2人分）**

豚こま切れ肉…200g
長ねぎ…50g（1/2本）
豆苗…1袋

A
梅干し（たたく。塩分10%程度のもの）…2個
片栗粉…小さじ1/2
しょうゆ、サラダ油…各小さじ1

酒…大さじ4

**作り方**

1 下準備
豚こま切れ肉は食べやすい大きさに切る。長ねぎは小口切りにする。豆苗は、根元を切り落とす。

2 cold start
フライパンに肉を入れ、Aを加えてからめ、長ねぎを加えて均一に混ぜる。

3
酒をまわしかけ、フタをする。中火にかけ、沸いたら2分加熱する。

4
フタを取り、豆苗をのせる。再びフタをして中火にかけ、約30秒加熱する。フタを取り、全体を混ぜる。

memo 火の通りやすい肉と野菜を合わせれば、蒸し時間はわずか3分程度。油と片栗粉入りの合わせ調味料をからめて蒸すと、肉は驚くほどふっくらやわらかになります。

# 鮭の中華風ねぎ蒸し

調理時間 10分

材料（2人分）

甘塩鮭…2切れ（200g）
片栗粉…適量
長ねぎ…1本
しょうが（せん切り）…10g
A 酒…大さじ3
しょうゆ…大さじ1／2
水…大さじ3
ごま油 大さじ1

作り方

下準備
1 甘塩鮭の余分な水分をふき、片栗粉を薄くはたきつけておく。長ねぎは斜め薄切りにする。

cold start
2 フライパンにごま油をひき、ゴムべらで広げて鮭を置く。

3 長ねぎとしょうがをのせ、混ぜ合わせたAをまわしかける。フタをして中火にかけ、沸いたら2分加熱する。

memo 鮭は赤い脂が身にとどまっているくらいに加熱を加減するのがベスト。シンプルな蒸し魚は鯛やタラなどの白身魚もむいています。器に盛り、蒸し汁をかけてどうぞ。

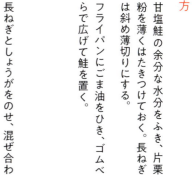

# 豆腐とひき肉の卵蒸し

調理時間 20分

材料（直径9cmココット2個分）

豆腐（もめん）…100g
しいたけ…4枚
鶏ひき肉…60g
卵…1個
A
片栗粉、しょうゆ、みりん…各小さじ1

作り方

下準備

1 豆腐はペーパータオルで包み軽く重しをのせ、約5分置いて水切りをする。しいたけは石づきを切り落とし、薄切りにする。

2 ボウルに豆腐を入れ、泡立て器で細かくつぶす。鶏ひき肉、卵、Aを入れて混ぜ合わせ、しいたけを加えて混ぜる。

cold start

3 ココット型に2を等分に入れてアルミホイルをかぶせる。フライパンにペーパータオルを敷いてココット型を並べ、水を器の高さの1／3程度加えてフタをし、中火にかける。

4 沸いたら弱めの中火にして、中身がかたまるまで約10分加熱する（水が足りなくなったら足す）。

memo 切り物はしいたけだけで、あとは混ぜ合わせて蒸すだけ。良質たんぱく質が取れる、食べごたえ満点の「準主菜」です。鶏ひき肉はももがおすすめ。

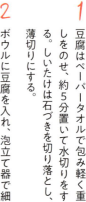

# チーズコンソメ茶碗蒸し

調理時間 20分

材料（直径9㎝ココット2個分）
卵…大1個
A 固形スープの素（コンソメ）…1/2個
熱湯…150㎖
プロセスチーズ（個包装のもの）…2個（30g）
ウインナーソーセージ…2本
ブロッコリー…2房

作り方

下準備
1 卵は溶きほぐし、混ぜ合わせて粗熱を取ったAを加えてザルでこす。味をみて薄いようなら塩、こしょう各適量（分量外）を入れる。チーズは半分に切り、ソーセージは食べやすく切る。

cold start
2 ココット型に1とブロッコリーを等分に入れてアルミホイルをかぶせる。フライパンにペーパータオルを敷いてココット型を並べ、水を器の高さの1/3程度加えてフタをし、中火にかける。

3 沸いたら極弱火にし、フタをずらして中身がかたまるまで10〜15分加熱する（水が足りなくなったら足す）。

memo 洋風メニューのとき、スープがわりに添えるのもおすすめ。ミニトマトなどを加えてもおいしいです。

# トマトソースココット

調理時間 15分

## 材料（直径9cmココット2個分）

トマトソース（市販）
……大さじ6
卵……2個

## 作り方

**1** 下準備
ココット型にトマトソースを等分に入れ、それぞれ卵を割り入れてアルミホイルでフタをかぶせる。

**2** cold start
フライパンにペーパータオルを敷いて1を並べ、水を器の高さの1／3程度加えてフタをし、中火にかける。

**3**
沸いたら弱めの中火にし、卵が半熟になるまで約8分加熱する（水が足りなくなったら足す）。

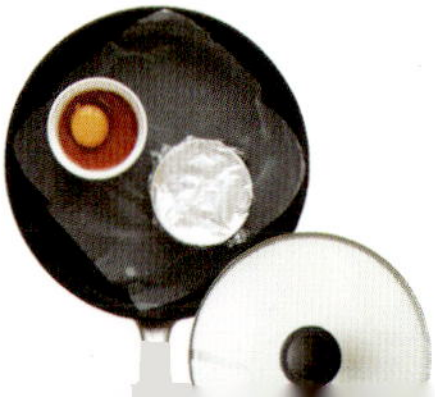

memo 卵をスプーンでくずして、トマトソースとからめながら食べます。フライパンまかせで同時に複数作れるので、目玉焼きよりラクで朝食に便利です。

column 3

# コールドスタートでシャッキリ歯ごたえの蒸し野菜ができる

ヘルシーさが人気の蒸し野菜。わざわざ蒸し器を使って蒸すよりも、おうちでは耐熱容器に入れてラップをかけて電子レンジで加熱する人が多いかもしれません。

じゃがいもなどのいも類は火が通るまでに時間がかかるので電子レンジ調理が便利ですが、ブロッコリー、かぶ、小松菜、アスパラガスといった野菜は案外火の通りが速く、電子レンジだと時間調節がむずかしいもの。

コールドスタート蒸しなら、微妙な調整をしなくても上手に火を通すことができます。うまみもしっかり閉じ込められるので甘みが増します。

たとえば主菜が刺身のときなど、使わない火口を利用して蒸し野菜を作ってみてはいかがでしょうか。塩、ポン酢、味噌、マヨネーズ……お好みの調味料を添えてどうぞ。

フライパンぎゅうぎゅうに野菜を敷き詰めて水を適量加え、フタをしてコールドスタート。かぶとブロッコリーなら約4～5分でできます。

コールドスタートで

# 豚のかたまり肉もフライパン蒸し

豚のかたまり肉をゆでるレシピはよく見ますが、実は蒸すとてもおいしいんです。うまみは流れ出ないで余分な脂は落ちるので、むっちりとした独特の食感になります。

本当のことをいうと、かたまりのまま蒸すほうがおいしいのですが、短時間で仕上げたいときは切ってから蒸すのがおすすめ。蒸すために加える水や酒も最小限ですみますし、日々の家庭料理として作るのならば、このほうがいろいろ経済的でしょう。

もし300〜400gのかたまりのまま蒸す場合は、火が通るまで水を切らさないように加熱しましょう。蒸し汁が足りない場合は途中で足してください。

たれ次第でアレンジできるので食べ飽きることもなし。保存するときは蒸し汁といっしょに容器に入れておきましょう。

豚肉はアクが出やすいので沸いてから取り除き、蒸し始めます。フライパン内で蒸し汁といっしょに蒸すので、そのままだとアクが肉についてしまいます。ここはていねいに。

コールドスタートなら

# 蒸し煮で野菜の形を崩さず甘みを引き出せる

私は「煮物」として知られているメニューを蒸し煮で作ることがあります。煮崩れしにくく、野菜の甘みが引き出せるというメリットがあるからです。

たとえば肉じゃがなどは、さっと炒めて油をからめてから調味料だけを入れて蒸し煮に（P.62「蒸し肉じゃが」）。「味が入るの？」と思うかもしれませんが、ときどき返せば大丈夫なんです。この本で紹介した「汁なしポトフ」（P.61）もそのひとつ。水分量は200㎖だけですが、大ぶりに切った野菜もホクホクに仕上がります。

特に煮崩れやすいじゃがいもを使う煮物の場合、慣れないと煮汁の量や煮る時間の加減がむずかしいですから、この方法が簡単かもしれません。「ひたひたに」という水分量の固定概念を少し忘れて、ぜひ挑戦してみてください。

加えるスープの量は野菜の高さの半分以下。加熱している間に野菜から水分も出てきて、ちょうどいい加減になります。

コールドスタートなら

# 少量の水+バターで時短蒸し。うまみをとじ込める

「エチュベ」という調理方法はフランスで覚えました。フランス人は基本的に野菜をゆでず、少量の水で蒸し煮にします。短時間で火が通るし、ゆでたときとは違った、素材の凝縮したうまみが楽しめます。

さらに独特なのはバターなどの油脂を加えて蒸すことです。これが野菜のえぐみをコートしてくれるうえ、うまみがしみ出た蒸し汁が乳化してソースのようになる、といいことがいっぱい。

肉や魚介類と合わせて蒸し煮にすれば、うまみは倍増。この本では「レタスとあさりのエチュベ」(P.63)や「鶏とセロリのレモンバター蒸し」(P.64)のように生でも食べられるような野菜をさっと蒸して歯ごたえを残したメニューを紹介しています。本当に短時間でおしゃれな1皿ができますよ。

バターで炒めてから水を入れて蒸すのではなくて、最初からかたまりのバターを加えて火にかけるだけだからラクチン。

コールドスタートなら

# 蒸し鶏が手軽に作り置きできる

糖質オフの流行で蒸し鶏が人気ですね。おうちで手軽に作る方法として電子レンジ調理をよく見かけますが、ちょっとの時間の違いで火の通りが甘くなってしまったり、加熱しすぎてパサついてしまったり……と案外加減がむずかしいような気がします。

手軽に蒸し鶏を作りたい方にこそ、コールドスタートをおすすめしたいです。ちょっとの加熱時間の差によって仕上がりが左右されないのがよいところ。鶏1枚の厚みや重さに多少違いがあっても、余熱で火が入りますし、蒸気で加熱するのでパサつくこともありません。もちろん普通の蒸し器で作るより、大幅に調理時間はカットできます。

数日保存ができますので、作り置きもおすすめです。

保存するときは蒸し汁ごと容器に入れると、しっとり感がキープできます。冷蔵庫で保存して、冷たいまま食べても十分おいしいので使いやすいです。

コールドスタートなら

# 切り身魚の蒸し物がふっくらおいしく

切り身魚の調理法というと、焼く、煮るが主流、たまに揚げる、くらいで、蒸すという選択肢はあまりあがらないかもしれません。

基本の蒸し方を知っていればアレンジがきくので、「魚が好きだけど調理法がマンネリになりがち」という方は覚えておいて損はないと思います。鶏肉と同様、魚はフライパンを使ったコールドスタート蒸しがむいています。電子レンジだとどうしても皮がはじけやすいのです。

「鮭の中華風ねぎ蒸し」(P.69)ではごま油をひいて、長ねぎやしょうがを加えて蒸しましたが、シンプルに油なし、魚2切れに対して酒と水を合わせて100㎖弱(臭み消しのために酒または白ワインは入れて)でコールドスタート蒸しをすれば、タルタルソースを添えて、サラダ仕立てに、と洋風メニューにもできます。

加熱時間は5分もかかりません。野菜もいっしょに蒸してしまえば、栄養バランスのよい1皿になります。

コールドスタートなら

# 卵の入った蒸し料理にすが入らない

茶碗蒸しなど卵が入った蒸し料理で、なめらかに仕上げるのはむずかしく、どうしてもプツプツとした気泡＝すが入ってしまいます。原因は高温で熱することで卵が急にかたまり、中に残ったままの空気が気泡となってしまうため。

その点、コールドスタートならじわじわと火が入るので失敗しにくいです。ちなみに専用の蒸し器を使わずに卵入りの器を蒸す場合、器の半分ほどの高さまで水をはって加熱します。これを「地獄蒸し」といいます。

地獄蒸しで火を均一に入れるには、大きい器よりも小さめのほうがおすすめです。底はボウルのように丸いものより、ココットのように平らなもののほうが加熱時間が短くてすみます。深さは浅めのほうがいいですね。この方法でプリンもできますよ。

じかに火があたらないように、また器がグラグラと揺れないように、底にはペーパータオルを敷きましょう。

Part 4

# 煮る

調味料をあらかじめ合わせて
食材といっしょにフライパンに入れて
コールドスタートすれば
おいしい煮物になるという
とっておきのメニューをご紹介。

# 鶏のテリテリ煮

調理時間 20分

材料（2人分）
鶏もも肉…2枚（600g）
しょうゆ…1／3カップ
みりん…1／3カップ
砂糖…大さじ1
水…2／3カップ
にんにく（つぶしたもの）…1かけ
※またはすりおろしたもの…小さじ1／2

作り方

下準備
1 鶏もも肉は余分な脂を取り除く。

cold start
2 フライパンにすべての材料を入れ、フタをして中火にかける。沸いたら弱めの中火にして8分煮る。

3 フタを取って肉を裏返し、再びフタをして5分煮る。

4 フタを取り、火を強めて焦がさないようにフライパンを揺すりながら煮汁を半量に煮詰める。食べやすく切って器に盛り、長ねぎのせん切り（分量外）をのせて煮汁をかける。

memo
照り焼きよりも簡単で、冷めても肉がやわらかくお弁当にぴったり。一度にたっぷり作っておけば、冷蔵庫で4日間保存できます。

# 豚のスパイシーソース煮

調理時間 20分

## 材料（2人分）

豚肩ロースかたまり肉…500g
ウスターソース…大さじ5
カレー粉…小さじ1
トマトジュース（無塩）…200㎖

## 作り方

**1** 下準備
豚肩ロースかたまり肉は4等分に切る。

**2** cold start
フライパンにすべての材料を入れ、フタをして中火にかける。沸いたら弱めの中火にして5分煮る。

**3**
フタを取って肉を裏返し、再びフタをして3分煮る。

**4**
フタを取り、火を強めて焦がさないようにフライパンを揺すりながら煮汁を半量に煮詰める。器に盛り、くし形切りにしたレタス1/2個（分量外）を添えて煮汁をかける。

memo
P.82の「鶏のテリテリ煮」と作り方はまったくいっしょ。甘辛いソースは子どもが大好き。鶏肉を煮てもおいしいです。冷蔵庫で4日間保存できます。

# 手間なしルーロー飯

調理時間 20分

材料（作りやすい分量）

豚ばらかたまり肉
…300g
長ねぎ…1本
しょうが、にんにく
（ともにすりおろす）
…各小さじ1
しょうゆ…大さじ4
酒…大さじ2
砂糖…大さじ1.5
五香粉（あれば）…少々
水…300㎖
ご飯…2膳分

作り方

下準備

1 豚ばらかたまり肉は1.5㎝幅の棒状に切る。長ねぎは3㎝幅に切る。

cold start

2 フライパンにご飯以外のすべての材料を入れ、フタをして中火にかける。沸いたら弱めの中火にして10分煮る。

3 フタを取り、火を強めて焦がさないようにフライパンを揺すりながら煮汁を半量に煮詰める。器にご飯をよそい、肉と煮汁をかけ、好みでたくあん適量（分量外）を添える。

memo 台湾の屋台でおなじみの丼。五香粉は八角やシナモンなどがミックスされた中国のスパイスで、入れると一気に異国風の味に。肉は冷蔵庫で5日保存可能。

# ダイナミック麻婆豆腐

調理時間 10分

## 材料（2人分）

豚ひき肉…150g

A
- 長ねぎ…1/2本分
- しょうが（すりおろす）大さじ…1/2
- にんにく（すりおろす）…小さじ1
- しょうゆ…大さじ1.5
- 味噌…大さじ1
- 砂糖…小さじ2
- ごま油…大さじ1/2
- 豆板醤…小さじ1/2〜1
- 水…150㎖

B
- 片栗粉…大さじ1/2
- 水…大さじ1

豆腐（もめん）…1丁
小ねぎ…適量

## 作り方

下準備
1 長ねぎはみじん切りにする。豚ひき肉とAを混ぜ合わせる。

cold start
2 フライパンに1の肉を広げる。

3 中火にかけて沸いたらアクを取り、2分加熱する。全体を混ぜてほぐし、さらに2分煮る。

4 火を強め、混ぜ合わせたBを加えて手早く混ぜ、とろみをつける。電子レンジで温めて水けをきった豆腐にかけ、小口切りにした小ねぎを散らす。

memo 手間を省いて豆腐をどーんと1丁にかけて崩しながら食べるのも悪くないのでは？ ピリ辛ひき肉あんはご飯とも相性抜群です。

# ほぼ担々うどん

調理時間 10分

## 材料（2人分）

鶏ひき肉…150g

A
- 長ねぎ（みじん切り）…1/2本分
- しょうが（すりおろす）…小さじ1
- にんにく（すりおろす）…小さじ1/2
- しょうゆ…大さじ1
- ごま油…大さじ1/2
- 砂糖…小さじ1
- 水…150ml

B
- すり白ごま…大さじ2
- 練り白ごま…大さじ1
- ラー油…適量

C
- 片栗粉…大さじ1/2
- 水…大さじ1

冷凍うどん…2袋

## 作り方

cold start

1 フライパンに鶏ひき肉とAを入れ、ゴムべらでよく混ぜる。

2 中火にかけて沸いたらアクを取り2分加熱する。全体を混ぜてほぐし、さらに2分煮る。

3 Bを入れて混ぜ、火を強める。

4 混ぜ合わせたCを加えて手早く混ぜ、とろみをつける。電子レンジで解凍、加熱した冷凍うどんにかける。長ねぎの小口切り、ラー油各適量（分量外）を好みでかける。

memo ザーサイのみじん切りが入れば、もっと担々麺っぽくなります。辛さの好みに合わせてラー油の量を調節してみてください。鶏ひき肉はももがおすすめ。

# 自家製ツナのサンドイッチ

調理時間 10分

## 作り方

cold start

1 フライパンに水と塩を入れて混ぜ合わせ、オリーブ油、酒、かじきを加えて弱めの中火にかける。

2 沸いたらかじきを裏返し、フタをしてさらに30秒加熱し、火を止めて冷めるまで置く。

## 材料

●自家製ツナ（作りやすい分量）

かじき…2切れ（200g）
水…200mℓ
塩…小さじ1
酒…大さじ2（白ワインでも可）
オリーブ油…大さじ1

トマト（輪切り）…2切れ
レタス…2枚
食パン（6または8枚切り）…4枚
バター・マヨネーズ…各適量

●ツナのサンドイッチ

ツナ2切れ、トマトの輪切り2枚、レタス2枚をペーパータオルで水けをふき取り、それぞれ1枚ずつをバター、マヨネーズを塗ったパンではさむ。ラップでしっかり包み、ラップごと半分に切る。同様にもう1組作る。

memo 食べごたえがありながら、しつこくないのが自家製のよいところ。余熱を利用して火を通せばパサつかずにしっとり。煮汁ごと保存容器に入れて、冷蔵庫で3日間保存可能。

# いかのやわらか甘酢煮

調理時間 15分

**材料**（作りやすい分量）

いか（するめいか、やりいかなど）…2杯
玉ねぎ…1／2個
にんじん…1／3本

A
酢、水…各大さじ3
サラダ油…大さじ2
砂糖…大さじ1.5
塩…小さじ1／2

**作り方**

1 下準備
いかはP.25のように下処理をして、皮をむく※。玉ねぎは薄切りに、にんじんは薄めの半月切りにする。

2 cold start
フライパンに1、Aを入れ、フタをして中火にかける。

3
沸いたら全体を混ぜ、再びフタをしてさらに30秒加熱し、火を止めて冷めるまで置く。いかは食べやすく切って器に盛り、イタリアンパセリ（分量外）をのせる。

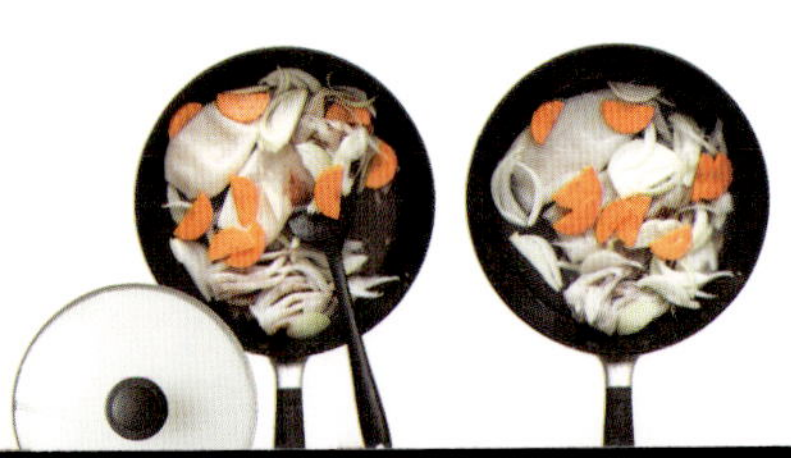

※いかの皮のむき方
胴とエンペラ（三角の部分）に指を入れてはがし、そのまま胴に沿わせてひくと皮がむけます。

memo
低温調理とお酢の効果でしっとりやわらか。さっぱりしていてご飯にもパンにもお酒にも合う味です。いかのかわりにえびでも作れます。冷蔵庫で4日保存できます。

# かぼちゃのホクホクそぼろ煮

調理時間 15分

材料（2人分）

かぼちゃ…300g
鶏ひき肉…100g
A しょうゆ、みりん…各大さじ1.5
酒…大さじ1
水…300mℓ

作り方

下準備
1 かぼちゃは種を取り、3cm角程度に切る。

cold start
2 フライパンに鶏ひき肉、Aを入れて混ぜ、弱めの中火にかける。

3 沸いたらアクを取り、1を入れる。フタをして、再び沸いたら弱めの中火にして5分煮る。

4 フタを取り、火を強めて煮汁を軽く煮詰める。

memo ほっとする懐かしい味の煮物。最後に火を強めることでホクホクの仕上がりになります。鶏ひき肉はアクが出やすいので、ていねいに取りましょう。

# 鶏とさといもの煮っころがし

調理時間 20分

## 材料（2人分）

鶏もも肉…1枚（300g）
さといも…4～5個
A
しょうゆ、みりん、酒
…各大さじ1.5
砂糖…小さじ1
水…1/3カップ

## 作り方

**1** 下準備
鶏もも肉は余分な脂を取り除き、一口大に切る。さといもも一口大に切る。

**2** cold start
フライパンに1、Aを入れて中火にかける。

**3**
沸いたらアクを取り、フタをして火を弱め、さといもに串が通るくらいまで8分煮る。

**4**
フタを取って火を強め、全体を返しながらフライパンを揺すり、煮汁を半量に煮詰める。

memo
煮汁少なめで、返す必要もあまりないので煮崩れしにくいです。にんじんやしいたけを加えれば五目お煮しめになります。

# スープカレー

調理時間 20分

**材料**（2人分）

鶏手羽元…6本
塩…小さじ1/3
こしょう…適量
玉ねぎ、トマト（大）…各1個
じゃがいも…2個

A
しょうが（すりおろす）…小さじ1
にんにく（すりおろす）…小さじ1/2
固形スープの素（コンソメ）…1個
バター…10g
水…300㎖

B
カレー粉…小さじ2〜大さじ1
塩…小さじ1/2
こしょう…少々

ご飯…2膳分

**作り方**

下準備
1 鶏手羽元に塩、こしょうをすり込む。玉ねぎ、トマトはくし形に、じゃがいもは半分に切る。

cold start
2 フライパンに肉、玉ねぎ、じゃがいも、Aを入れて中火にかける。

3 沸いたらアクを取り、フタをして弱めの中火にし、じゃがいもがやわらかくなるまで約10分煮る。

4 フタを取ってトマト、Bを入れ、さらに2分煮る。味をみて足りないようであれば塩、こしょう各少々（分量外）で味を調える。器に盛り、ご飯を添える。

memo 骨つき肉とトマトのだしが効いたカレーです。素材からのうま味でカレールーを使わなくてもコクのある味わいになります。スープ系もフライパンで十分調理ができます。

column 4

# アヒージョはコールドスタートおかずです

バルや居酒屋で大人気のアヒージョ。おうちで再現したい人のために専用の調味料ミックスが売られているようですが、本当は実にシンプルで簡単なメニューです。要するに「コールドスタートで作るにんにくオイル煮」。冷たいフライパンに油、にんにく、火の通りにくい食材を入れてコールドスタートすればいいんです。複数の食材を組み合わせる場合、火の通りの速い食材を仕上げに加えましょう。

この本でおすすめしているフライパンでもできますが、大きすぎると油がたくさん必要なので直径15～18㎝くらいのもので作るのがベストかもしれません。最近ではリーズナブルに手に入るスキレットを使えば、そのまま食卓にも出せますね。

## たことマッシュルームのアヒージョ

**材料**（2人分）

ゆでだこ…300g
塩…少々
マッシュルーム…200g
にんにく…2かけ
赤唐辛子…1本
オリーブ油…大さじ5

**作り方**（調理時間10分）

1 たこは食べやすい大きさに切って塩を振る。にんにくは横2～3㎜の厚さに切り、芽を取り除く。赤唐辛子は種を取り、7㎜幅の輪切りにする。

2 フライパンにオリーブ油、にんにく、赤唐辛子、マッシュルームを入れて弱めの中火にかけ、約3分加熱する。

3 にんにくが色づき、マッシュルームに火が通ったらペーパータオルで水けをふき取ったたこを加え、約30秒加熱して火を止める。好みでパセリのみじん切り適量（分量外）を振る。

コールドスタートで

## 大きな肉を合わせ調味液でシンプルに煮る

煮物というと野菜と肉を合わせて煮るイメージですよね。魚はそれだけで煮ることがあっても、肉だとなかなかしないのはなぜでしょう。

肉だけで煮れば、男子も大満足のボリュームおかずになるんです。コールドスタートでじわじわと火が入っていくので、肉が急にぎゅっとしまることなく、しっとりやわらかに。

肉は大きめのまま煮たほうが、うまみが逃げません。事前に切る手間が省けるのもいいんです。そうはいっても、コールドスタートの場合は多少のうまみが煮汁に流れ出てしまうので、おいしい煮汁もいっしょにからめて食べるようなメニューがいいと思います。

多めに作れば味が落ちることなく冷蔵庫で保存ができるので、当日食べる分の倍量調理してしまうのもいいですよ。

保存した肉を温めなおすときは、フライパンよりも電子レンジのほうが煮汁が煮詰まらず、中まで加熱できます。保存容器は電子レンジに対応できる素材のものがいいですね。

コールドスタートなら

## 合わせ調味液とひき肉を混ぜて煮るだけでそぼろあんに

「炒める」の章でも出てきたそぼろ。液体量の多い合わせ調味液とひき肉を混ぜてから火にかける「煮そぼろあん」ならば、かたまりにならずにしっかりほぐれてくれます。火にかける前に生のひき肉と調味料とをよーく混ぜ合わせておくのがコツ。冷たい調味液に入れると肉がほどけ、うまみが出てきます。

「ダイナミック麻婆豆腐」（P.85）や「ほぼ担々うどん」（P.86）のあんは、薬味野菜以外は混ぜものはせずに作っておくと応用がきいて便利です。ご飯、麺、野菜、豆腐など、好きなものに自由にかけて食べてみてください。

ただ時間がたつとどうしてもとろみがなくなってしまうので、家族が食べる時間にバラつきがあるときは、その都度、水溶き片栗粉でとろみをつけるのがベストです。めんどうだったら、作るときに水溶き片栗粉を少し多めに入れましょう。

コールドスタートで

# 魚介をオイル入り調味料で煮れば時間がたってもしっとり

魚介の水煮やビネガー煮といった作り置きにもむいたシンプルなレシピは、覚えておけばレシピの幅がグンと広がります。

コールドスタートからさっと煮れば身が縮まず、余熱をじわじわ伝えれば火が通りすぎてかたくなることもありません。魚介の火の通り具合は、余熱をどれだけ利用するかが大事。80℃で熱が入りますから、１００℃の状態が続くとどんどん水分が出ていってしまいます。だから沸騰した調味液の中でグラグラ煮るより、コールドスタートがむいているのです。

さらにオイルを加えておけば、時間がたってもしっとりとした食感を保つことができ、コクも出ます。煮汁ごと保存しておけばサラダに、サンドイッチに、パスタに……と使え、おつまみにもぴったりですから、急なゲストへのおもてなしにも重宝しますよ。

オイルはオリーブ油、サラダ油、ごま油、グレープシード油などいろいろと試してみるのも楽しいです。

コールドスタートなら

## 素材からだしが出て味が決まりやすい

「煮物を作るのがめんどう！」と思われがちなのは、「だし」のせいでしょうか。あらかじめだしを取っておいたうえで煮始めるのは確かにちょっとおっくうですよね。

煮る食材をだし素材としても考えてしまえば、煮物はもっとラクにできます。コールドスタートなら煮汁に食材のうまみがじわじわと出るので、特にだしを取らなくてもおいしい煮物になるんです。

最初に油炒めをしてうまみを閉じ込める必要もないから、調味液と食材を入れて火にかけるだけ、と調理も簡単。「うまみが出てしまったら、食材がおいしくなくなるんじゃないの？」と思うかもしれませんが、最後にしっかり煮汁を煮詰めて食材にからめたり、煮汁（スープ）ごと食べてしまえば、すべてのうまみを余すところなくいただけます。

コールドスタートでゆっくり火が入るとアクがたくさん出るので、ていねいに取り除くようにしましょう。

column 5

# コールドスタートでおこげたっぷり炊き込みご飯を

ご飯を炊くというと炊飯器か土鍋炊きがほとんどですが、フライパンでもおいしくできます。パエリヤのように米をあらかじめ炒めずにコールドスタートで炊いても問題ありません。

フライパンで炊くと火が当たっている面が広いので、炊飯用に加えた水が短時間で沸き、時短につながります。おこげの面もたっぷりできるので、あえて仕上げに火を強めるのもいいですね。鍋と違って強火にしてもくっつくこともなく、きれいなおこげになります。

コーティング加工がしてあるフライパンなら食材のにおいが残らないので、いかなど独特の風味がある食材を思う存分入れても、さっと洗えば元通り。炊飯器のように部品を分解したり、土鍋のように水を長時間はっておく必要もありませんよ。

## フライパンいか飯

**材料**（2～3人分）

いか（するめいか、やりいかなど）…2杯
米…2合
水…360㎖
A しょうゆ、酒…各大さじ2
小ねぎ（小口切り）…適量

**作り方**（調理時間10分）

1 いかは下処理（P.25参照）をし、胴の部分は輪切りに、足は約1.5㎝の長さに切る。

2 米は洗ってフライパンに入れ、水を加えて約30分置く。

3 Aを入れて全体を混ぜ、いかをのせてフタをする。中火にかけて沸いたら火を弱め15分加熱し、火を止めて10分蒸らす。小ねぎを散らす。※おこげを作りたいときは、蒸らしたあと中火に1～2分かける。

プラスのアイディア1

# 野菜ひとつのシンプル副菜を添える

フライパンまかせのコールドスタートで主菜を調理している間にさっと副菜を作れば立派な献立になります。

野菜をいろいろ使うと切ったり皮をむいたりするのに時間がかかるので、潔く1種類でたっぷりと。梅干しやキムチなどのうまみ食材、温泉卵やツナ缶などのたんぱく質を市販品でプラスするのもいいですね。

火を使わずにできるものばかりなので、余裕のあるときはもうひとつの火口を使って汁物を足しても。火口がひとつしかないひとり暮らし用のキッチンだったら、温かいお茶を添えて。

主菜メニューから1品＋副菜メニューから1品＋汁物（またはお茶）。

コールドスタート流シンプル献立の提案です。

# きゅうり

## きゅうりの梅昆布あえ

**材料（2人分）**
きゅうり…2本
梅干し…2個
塩昆布…20g

**作り方（調理時間10分）**
1 きゅうりはピーラーで皮を縞目にむき、1.5㎝幅の輪切りにする。梅干しは種を取り除き、粗く刻む。
2 ボウルに1、塩昆布を入れてよく混ぜ、約5分置く。

## きゅうりの甘酢しょうが漬け

**材料（2人分）**
きゅうり…2本
しょうがの甘酢漬け（市販）…40g
A 酢、砂糖…大さじ1
　塩…小さじ1／3

**作り方（調理時間20分）**
1 きゅうりは3等分に切り、さらに縦4等分に切る。
2 ボウルに1、A、しょうがの甘酢漬けを入れてよく混ぜ、約15分置く。

## ツナマヨきゅうり

**材料（2人分）**
きゅうり…2本
ツナ缶…小1缶
A マヨネーズ…大さじ2
　塩、こしょう…各適量

**作り方（調理時間5分）**
1 きゅうりはピーラーで皮を縞目にむき、乱切りにする。
2 ボウルに1、A、汁けをきったツナ缶を加え、混ぜ合わせる。

# レタス・サニーレタス

## 蒸しレタスの中華あえ

**材料（2人分）**

レタス…1/4個

A ごま油…大さじ1/2
ラー油、塩…各適量

**作り方（調理時間5分）**

1 レタスは大ぶりにちぎり、耐熱ボウルに入れてふんわりとラップをかけ、電子レンジ（600W）で2分加熱する。

2 水けをきって器に盛り、Aをかける。

## レタスのシーザーサラダ風

**材料（2人分）**

レタス…1/4個

A マヨネーズ…大さじ1
酢、サラダ油…各小さじ1
塩、こしょう…各適量

温泉卵（市販）…1個

B 粉チーズ、
粗びき黒こしょう…各適量

**作り方（調理時間5分）**

1 レタスは食べやすくちぎり、冷水に放つ。

2 1の水けをしっかりふき取って器に盛り、混ぜ合わせたAをかける。温泉卵をのせ、Bを振る。

## サニーレタスとキムチのサラダ

**材料（2人分）**

サニーレタス…4枚

キムチ…40g

A 酢、ごま油…各小さじ1

**作り方（調理時間5分）**

1 サニーレタスは食べやすくちぎり、冷水に放つ。

2 1の水けをしっかりふき取ってボウルに入れ、キムチ、Aを入れて混ぜ合わせる。

# トマト

## あつあつトマト

**材料**（2人分）

トマト…大2個
オリーブ油…大さじ1
塩、こしょう…各適量

**作り方**（調理時間5分）

1 トマトは十字に切り込みを入れる。それぞれ耐熱皿に置き、電子レンジ（600W）で2～2分半ずつ加熱する。

2 熱いうちにオリーブ油を半量ずつかけ、塩、こしょうを振る。

## トマトのカレードレッシング

**材料**（2人分）

トマト…中2個
A サラダ油…大さじ1
　酢…大さじ1/2
　カレー粉…小さじ1/2
　塩、こしょう…各適量

**作り方**（調理時間5分）

1 トマトはくし形に切る。

2 ボウルに1、Aを入れてよく混ぜ、器に盛る。

## トマトと青じそのポン酢サラダ

**材料**（2人分）

トマト…大1個
A ポン酢、オリーブ油
　…各大さじ1
青じそ…3枚

**作り方**（調理時間5分）

1 トマトはくし形切りにして皿に盛る。

2 混ぜ合わせたAをかけ、青じそをちぎってのせる。

# キャベツ

## キャベツとハムの甘酢あえ

**材料**（2人分）

キャベツ…1／4個（300g）
ハム…4枚（50g）
A 酢…大さじ1.5
A 砂糖…大さじ1
A 塩…小さじ1／3

**作り方**（調理時間10分）

1 キャベツ、ハムは2～3㎝角に切る。
2 キャベツを耐熱ボウルに入れてふんわりとラップをかけ、電子レンジ（600W）で3分加熱する。粗熱が取れたらザルに上げ、水けを軽く絞ってボウルに戻し、A、ハムを加えて混ぜ合わせる。

## あっさりコールスロー

**材料**（2人分）

キャベツ…150g（1／8個）
A プレーンヨーグルト（無糖）、マヨネーズ…各大さじ1
A 塩、こしょう…各適量

**作り方**（調理時間5分）

1 キャベツは細切りにして、冷水に放つ。
2 1の水けをしっかりふき取ってボウルに入れ、Aを加えて混ぜ合わせる。

## キャベツのナムル

**材料**（2人分）

キャベツ…1／4個（300g）
A すり白ごま…大さじ2
A ごま油…大さじ1
A 塩…小さじ1／3
A にんにく（すりおろす）…少々

**作り方**（調理時間10分）

1 キャベツは1㎝幅の細切りにして耐熱ボウルに入れ、ふんわりとラップをかけて電子レンジ（600W）で3分加熱する。
2 粗熱が取れたらザルに上げ、水けを軽く絞ってボウルに戻す。Aを加え、よくもみ込む。

# 青菜・白菜

## 小松菜のガーリックオイルあえ

材料（2人分）
小松菜…1/2束（200g）
にんにく…1かけ
オリーブ油…大さじ1
塩、こしょう…各適量

作り方（調理時間5分）
1 小松菜は約3㎝の長さに切る。にんにくは輪切りにする。耐熱ボウルににんにく、オリーブ油を入れて電子レンジ（600W）で1分加熱する。
2 小松菜を加えて全体を混ぜ、再びふんわりとラップをかけて電子レンジで3分加熱し、全体を混ぜて塩、こしょうを振る。

## 白菜とツナの煮びたし

材料（2人分）
白菜…1/8個（400g）
ツナ缶…小1個
しょうゆ…大さじ1.5

作り方（調理時間10分）
1 白菜はざく切りにして耐熱ボウルに入れる。汁けをきったツナ缶、しょうゆを加え、ふんわりとラップをかけ、電子レンジ（600W）で4分加熱する。
2 全体を混ぜ、再びふんわりとラップをかけて電子レンジでさらに4分加熱する。

## サラダほうれんそうの粒マスタードサラダ

材料（2人分）
サラダほうれんそう…1袋
A サラダ油…大さじ1
　酢…小さじ2
　粒マスタード…小さじ1

作り方（調理時間5分）
1 サラダほうれんそうは冷水に放つ。
2 1の水けをしっかりふき取って皿に盛り、混ぜ合わせたAをかける。

# ピーマン・パプリカ

## パプリカのマリネ

**材料**（2人分）

パプリカ（赤・黄）…各1／2個（180g）

A
- 酢…大さじ1.5
- サラダ油、砂糖…各大さじ1
- 塩…小さじ1／3

**作り方**（調理時間10分）

1 パプリカは半分に切ってへたと種を取り除き、小さめの乱切りにする。

2 耐熱ボウルに1、Aを入れてふんわりとラップをかけ、電子レンジ（600W）で2分加熱し、粗熱を取る。

## パプリカのおかかあえ

**材料**（2人分）

パプリカ（赤・黄）…各1／2個（180g）

A
- けずりぶし（かつお）…1パック（4g）
- しょうゆ…小さじ1

**作り方**（調理時間5分）

1 パプリカは半分に切ってへたと種を取り除き、細切りにする。ボウルに入れてAを加え、よく混ぜ合わせる。

## ピーマンのコンビーフあえ

**材料**（2人分）

ピーマン…1袋（120g）

コンビーフ缶…1缶（100g）

塩、こしょう…各少々

**作り方**（調理時間5分）

1 ピーマンは半分に切ってへたと種を取り除き、1cm幅に切る。

2 耐熱ボウルに1を入れ、コンビーフをほぐして加える。ふんわりとラップをかけて電子レンジ（600W）で3分加熱し、全体を混ぜて、塩、こしょうを振る。

# にんじん

## ピーラーにんじんの中華マリネ

材料（2人分）
にんじん…1本
A ごま油…大さじ1
　酢…大さじ1／2
　塩…小さじ1／3
　粉ざんしょう…適量

作り方（調理時間15分）
1 にんじんはピーラーで薄切りにする。
2 ボウルに1、Aを入れて混ぜ合わせ、約10分置く。

## ジンジャーキャロットラペ

材料（2人分）
にんじん…1本
しょうが…1かけ
A オリーブ油…大さじ1
　レモン汁…大さじ1／2
　塩…小さじ1／3

作り方（調理時間15分）
1 にんじんはスライサーで細切りにする。しょうがはせん切りにする。
2 ボウルに1、Aを入れて混ぜ合わせ、約10分置く。

## にんじんスティックの味噌マヨ添え

材料（2人分）
にんじん…小1本
A 味噌、マヨネーズ
　…各大さじ1

作り方（調理時間5分）
1 にんじんを棒状に切り、混ぜ合わせたAを添える。

プラスのアイディア2

# コールドスタート ほぼ1品で手早くお弁当を作る

コールドスタートのレシピの中にはお弁当むきのものがいっぱいあります。少ない材料でできて、フライパンまかせにできる時間があって、あせらず作れる……というのは、まだ頭がボーッとしている寝起きの朝には助かります。

何品も作ろうと思わずに、1品どーんと生かしてみましょう。冷凍食品や作り置きに頼らなくても案外ラクにできると思います。そして作り立てのおかずを入れたお弁当は、やっぱりおいしいものです。

P.15

**「豆入り味噌つくね」で**

（ゆでブロッコリー、ミニトマト、塩昆布を添えて）

P.27

**「豚の漬けしょうが焼き」で**

（せん切りキャベツを添えて）

P.50
「ドライ豆カレー」で

P.66
「サラダチキン」で
（レタスとゆで卵でサンドイッチに）

P.38
「ざっくりチンジャオロースー」で

P.82
「鶏のテリテリ煮」で
（ゆでた小松菜を添えて）

P.44
「えびのマヨネーズあえ炒め」で
（塩昆布を添えて）

# さくいん

## 野菜


○青じそ
3種の揚げ焼き春巻き…28
むっちり蒸し豚…60
トマトと青じそのポン酢サラダ…103
○アボカド
3種の揚げ焼き春巻き…28
○オクラ
ツナじゃがオクラのサブジ風…67
○かぼちゃ
かぼちゃのホクホクそぼろ煮…89
○キャベツ
そばなし焼きそば…47
エスニック鶏そぼろサラダ…48
汁なしポトフ…61
キャベツとハムの甘酢あえ…104
あっさりコールスロー…104
キャベツのナムル…104
○きゅうり
きゅうりの梅昆布あえ…101
きゅうりの甘酢しょうが漬け…101
ツナマヨきゅうり…101
○ゴーヤ
ゴーヤと厚揚げの味噌炒め…42
○小ねぎ
エスニック鶏そぼろサラダ…48
ダイナミック麻婆豆腐…85
フライパンいか飯…98
○ごぼう
根菜のゴロゴロきんぴら…43
○小松菜
ほっとけ五宝菜…46
おおらかビビンパ…49
小松菜のガーリックオイルあえ…105
○さといも
鶏とさといもの煮っころがし…90
○サラダほうれんそう
サラダほうれんそうの
粒マスタードサラダ…105
○じゃがいも
汁なしポトフ…61
蒸し肉じゃが…62
ツナじゃがオクラのサブジ風…67
スープカレー…91
○セロリ
鶏とセロリのレモンバター蒸し…64
○合いびき肉
肉厚ハンバーグ…14
ドライ豆カレー…50
○牛ひき肉
おおらかビビンパ…49
○ハム
ふんわり鶏のハムチーズのせ…17
キャベツとハムの甘酢あえ…104
○ウインナーソーセージ
汁なしポトフ…61
チーズコンソメ茶碗蒸し…71


## 魚介類


○あさり
レタスとあさりのエチュベ…63
○甘塩鮭
鮭の簡単ムニエル…23
鮭の中華風ねぎ蒸し…69
○いか
屋台風いか焼き…25
いかのやわらか甘酢煮…88
フライパンいか飯…98
○えび
3種の揚げ焼き春巻き…28
えびのマヨネーズあえ炒め…44
○かじき
自家製ツナのサンドイッチ…87
○さんま
さんまのシンプル塩焼き…24
○塩さば
塩さばのフレッシュトマトソースがけ…22
○ゆでだこ
たことマッシュルームのアヒージョ…92


## 卵・うずらの卵・大豆加工品


○卵・ゆで卵
肉厚ハンバーグ…14
サラダチキンのボリュームサラダ…66
豆腐とひき肉の卵蒸し…70
チーズコンソメ茶碗蒸し…71
トマトソースココット…72
○温泉卵
おおらかビビンパ…49
レタスのシーザーサラダ風…102
○厚揚げ
ゴーヤと厚揚げの味噌炒め…42
○豆腐
豆腐とひき肉の卵蒸し…70
ダイナミック麻婆豆腐…85


## 肉類


○鶏もも肉
パリ皮チキンソテー…16
鶏となすのイタリアン炒め…40
鶏と玉ねぎのBBQ炒め…41
しっとりよだれ鶏…65
鶏のテリテリ煮…82
鶏とさといもの煮っころがし…90
○鶏むね肉
ふんわり鶏のハムチーズのせ…17
鶏とセロリのレモンバター蒸し…64
サラダチキンのボリュームサラダ…66
○鶏手羽元
スープカレー…91
○鶏レバー
にらレバだけ炒め…39
○豚肩ロース薄切り肉
カリカリ豚のカレービネガー焼き…18
○豚こま切れ肉
ほっとけ五宝菜…46
豚のさっぱり梅蒸し…68
○豚ばら薄切り肉
中華風クイック肉巻き…19
そばなし焼きそば…47
○豚ロースしょうが焼き用肉
豚の漬けしょうが焼き…27
○豚ロースステーキ肉
オニオン豚テキ…21
○豚スペアリブ
スペアリブの塩レモンマリネ焼き…26
○豚肩ロース厚切り肉
揚げない酢豚…45
○豚ばらかたまり肉
むっちり蒸し豚…60
手間なしルーロー飯…84
○豚肩ロースかたまり肉
豚のスパイシーソース煮…83
○牛赤身ステーキ肉
牛肉のジューシータリアータ…20
○牛こま切れ肉
ざっくりチンジャオロースー…38
蒸し肉じゃが…62
○鶏ひき肉
豆入り味噌つくね…15
3種の揚げ焼き春巻き…28
エスニック鶏そぼろサラダ…48
ほぼ担々うどん…86
かぼちゃのホクホクそぼろ煮…89
○豚ひき肉
ダイナミック麻婆豆腐…85

**乳製品**

○スライスチーズ・プロセスチーズ
ふんわり鶏のハムチーズのせ…17
3種の揚げ焼き春巻き…28
チーズコンソメ茶碗蒸し…71

**乾物**

○塩昆布
きゅうりの梅昆布あえ…101
○けずりぶし
パプリカのおかかあえ…106

**米・ご飯・麺・パン・もち**

○米
フライパンいか飯…98
○ご飯
おおらかビビンパ…49
ドライ豆カレー…50
手間なしルーロー飯…84
スープカレー…91
○食パン
自家製ツナのサンドイッチ…87
○切りもち
3種の揚げ焼き春巻き…28
○冷凍うどん
ほぼ担々うどん…86

**その他加工品・缶詰**

○梅干し
豚のさっぱり梅蒸し…68
きゅうりの梅昆布あえ…101
○キムチ
3種の揚げ焼き春巻き…28
おおらかビビンパ…49
サニーレタスとキムチのサラダ…102
○コンビーフ缶
ピーマンのコンビーフあえ…106
○しょうがの甘酢漬け
きゅうりの甘酢しょうが漬け…101
○ちくわ
根菜のゴロゴロきんぴら…43
○ツナ缶
ツナじゃがオクラのサブジ風…67
ツナマヨきゅうり…101
白菜とツナの煮びたし…105
○トマトソース
トマトソースココット…72

○白菜
ほっとけ五宝菜…46
白菜とツナの煮びたし…105
○パクチー
エスニック鶏そぼろサラダ…48
○パプリカ（赤・黄）
揚げない酢豚…45
パプリカのマリネ…106
パプリカのおかかあえ…106
○ピーマン
ざっくりチンジャオロースー…38
ピーマンのコンビーフあえ…106
○ブロッコリー
えびのマヨネーズあえ炒め…44
チーズコンソメ茶碗蒸し…71
○ミントの葉
エスニック鶏そぼろサラダ…48
○もやし
そばなし焼きそば…47
○レタス・サニーレタス・グリーンカール
むっちり蒸し豚…60
レタスとあさりのエチュベ…63
サラダチキンのボリュームサラダ…66
自家製ツナのサンドイッチ…87
蒸しレタスの中華あえ…102
レタスのシーザーサラダ風…102
サニーレタスとキムチのサラダ…102
○レモン
鮭の簡単ムニエル…23

**きのこ類**

○しいたけ
ほっとけ五宝菜…46
豆腐とひき肉の卵蒸し…70
○しめじ
ゴーヤと厚揚げの味噌炒め…42
○マッシュルーム
たことマッシュルームのアヒージョ…92

**豆類**

○冷凍えだまめ
豆入り味噌つくね…15
○冷凍ホールコーン
豆入り味噌つくね…15
○ひよこ豆（ドライパック）
ドライ豆カレー…50

○玉ねぎ・紫玉ねぎ
肉厚ハンバーグ…14
オニオン豚テキ…21
塩さばのフレッシュトマトソースがけ…22
鶏と玉ねぎのBBQ炒め…41
エスニック鶏そぼろサラダ…48
ドライ豆カレー…50
汁なしポトフ…61
蒸し肉じゃが…62
サラダチキンのボリュームサラダ…66
いかのやわらか甘酢煮…88
スープカレー…91
○豆苗
豚のさっぱり梅蒸し…68
○トマト
塩さばのフレッシュトマトソースがけ…22
鶏となすのイタリアン炒め…40
サラダチキンのボリュームサラダ…66
自家製ツナのサンドイッチ…87
スープカレー…91
あつあつトマト…103
トマトのカレードレッシング…103
トマトと青じそのポン酢サラダ…103
○なす
鶏となすのイタリアン炒め…40
○長ねぎ
豚のさっぱり梅蒸し…68
鮭の中華風ねぎ蒸し…69
手間なしルーロー飯…84
ダイナミック麻婆豆腐…85
ほぼ担々うどん…86
○にら
にらレバだけ炒め…39
○にんじん
中華風クイック肉巻き…19
根菜のゴロゴロきんぴら…43
ほっとけ五宝菜…46
ドライ豆カレー…50
汁なしポトフ…61
蒸し肉じゃが…62
いかのやわらか甘酢煮…88
ピーラーにんじんの中華マリネ…107
ジンジャーキャロットラペ…107
にんじんスティックの
味噌マヨ添え…107

## 上田淳子 うえだ・じゅんこ

調理師専門学校の西洋料理研究職員を経て渡欧。ヨーロッパや日本のレストランなどで修行後、料理研究家として幅広く活躍する。現在大学生になる双子の男の子のお母さんであり、育児、家事と仕事を両立する経験を経て得た知恵を活かしたレシピ提供が好評。『るすめしレシピ』『フレンチベースの小さなおもてなし12か月』(自由国民社)、『共働きごはん』(主婦の友社)、『冷凍お届けごはん』(講談社)、『フランス人は、3つの調理法で野菜を食べる。』(誠文堂新光社)など多数の著書がある。



| | |
|---|---|
| 企画・構成 | 斎木佳央里 |
| デザイン | ナラエイコデザイン |
| 撮影 | 原ヒデトシ |
| スタイリング | 坂上嘉代 |
| 料理制作アシスタント | 大溝睦子 |
| 校正 | 朝日明美 |
| 編集 | 大塚陽子(自由国民社) |

冷たいフライパンに
食材を入れてから火にかける
コールドスタート

2018年3月9日　第1刷発行

上田淳子(うえだ・じゅんこ)

発行者　伊藤 滋
発行所　株式会社自由国民社
〒171-0033　東京都豊島区高田3-10-11
TEL　03-6233-0781(営業部)
03-6233-0788(編集部)
FAX　03-6233-0791

印刷　株式会社光邦
製本　新風製本株式会社